나를 보게 하소서

현장스님의 염불선이야기

몸받아 세상에 오니
날마다 새롭게
좋은날

현장스님의
염불선 이야기

민족사

나를 보게 하소서 · 책머리에

'염불선'은 우리 한국불교에 아직 생소한 용어입니다.
"염불은 염불이지 염불이 무슨 선(禪)이냐?" 하고 반문하기도 합니다.
그러나 불교의 모든 가르침은 선을 깨닫기 위한 것이라고 생각합니다. 염불을 통해서 깨닫든 화두를 통해서 깨닫든 그것은 둘이 아닙니다.
한 사람의 개인이 가지고 있는 생각이나 주장은 그 사람의 성장 과정과 교우관계, 인생체험에 따라 다를 수밖에 없습니다.
상대방의 성장과정을 무시한 채 자기의 주장만을 고집하는 것은 일종의 폭력행위입니다.
그리고 깨달음이라고 하는 것은 없는 것을 새롭게 얻는 것이 아니라 우리 안에 입력된 수많은 기억과 관념들을 일시에 지워버리고 아무것도 입력되기 이전의 순수한 자기의 얼굴(本來面目)을 보는 것입니다.
선(禪)에서는 그같은 체험을 견성(見性)이라 하고 염불에서는 그같은 체험을 견불(見佛)이라고 부릅니다.
영화〈서편제〉는 많은 사람들의 가슴속에 우리소리의 소중함을 일깨워준 좋은 영화였습니다. 그 영화에서 소리꾼이 자기 딸을 눈멀게 하며 득음(得音)의 경지에 이르는 길을 이야기합니다.

"서편소리는 말이다. 사람의 가슴을 칼로 저미는 것처럼 한이 사무쳐야 되는데 네 소리는 예쁘기만 하지 한이 없어. 사람의 한이라는 것은 한평생 살아가면서 이 가슴속에 첩첩이 쌓여서 응어리지는 것이다. 살아가는 일이 한을 쌓는 일이고 한을 쌓는 일이 살아가는 일이 된단 말이여.

너는 조실부모한 뒤에 눈까지 멀어 한이 쌓이기로 말하면 열 배, 스무 배가 넘을 텐데 어찌 그런 소리가 안 나오느냐?"

"이제부터는 네 속에 응어리진 한에 파묻히지 말고 그 한을 넘어서는 소리를 하도록 해라.

동편제가 무겁고 매김새가 분명하다면 서편제는 애절하고 정한이 많다고들 하지. 하지만 한을 넘어서게 되면 동편제도 서편제도 없고 득음의 경지만 있을 뿐이다."

참으로 그러합니다.

한 인간이 살아오면서 가슴에 맺힌 상처와 슬픔의 응어리들이 정화되고 욕망과 원한, 그리고 두려움 감정이 소멸될 때 인간의 마음속에는 단 하나의 얼굴이 남는다고 합니다.

그것이 바로 부처의 얼굴입니다.

우리는 "내가 말한다", "내가 생각한다"고 하지만 진실에서 보면 우리는 한 번도 내가 말하고 내가 생각해 보지 못했습니다.

나의 생각 나의 행동이란 과거 기억이며 업(業 : Karma)의 힘입니다.

　내 안의 자아의식(Ego)과 갖가지 욕망, 그리고 관념의 세계가 무너지고 숙세(宿世)의 업장이 녹아질 때 본래 청정한 자신의 얼굴을 본다고 합니다.

　성경에서 '나는 내가 하겠다고 하는 선은 행하지 않고 해서는 안되겠다고 생각하는 악을 행하고 있다' 하는 바오로의 한탄처럼 인간은 삶을 통해서 이루고자 하는 선업과 수행은 닦지 못하고 원하지 않는 부정과 죄업에 빠져들게 됩니다.

　인간이 저지르는 많고 많은 죄업중에서 가장 큰 죄는 '내가 나를 모르는 죄' 입니다. 그리고 인간들이 저지르는 모든 죄업 또한 내가 나를 알지 못하는 무지에서 생겨난다고 합니다.

　우리들 인간의 삶이 하나의 감옥이 아닌가 생각될 때가 있습니다. 감옥에 갇힌 죄인이 감옥에서 벗어날 일만을 생각하듯이 우리는 우리 자신을 얽어매는 욕망과 번뇌의 족쇄에서 벗어날 길을 찾아야 합니다.

　누구나 할 수 있고 아무 때나 할 수 있는 일, 객지에서 고생하고 방황하던 나그네가 고향으로 돌아가는 일, 내가 나를 불러 나 자신으로 돌아가는 일, 바로 염불의 수행입니다.

　예전에 한 사람이 극락왕생을 발원하고 백 일 동안 하루 한 끼 먹고 하루 10만 번씩 "아미타불" 염불만 했다고 합니다. 그 사람이 백일기도를 마치는 날 크게 웃더니 한 마디 하더랍니다.

　"내가 나를 불렀구만!"

　여기 실린 글들은 불일회보와 정토, 대중불교 등의 불교 잡지에 한 번씩 수록했던 글들입니다.

　해인사 학인시절부터 인연이 깊은 일지스님으로부터 책을 한 권 만들자는 권유를 받고 묵은 원고들을 다시 모았습니다.

　그리고 책 뒤에 '그리움의 노래' 48게송을 함께 수록했습니다. '그리움의 노래'는 지난 90년 여름 태안사 선원에서 청화큰스님의 법은(法恩) 아래 정진하면서 염불선의 이치와 수행방법 등을 우리말 게송으로 정리해 본 것입니다.

　목판본의 글씨는 김재완 법우가 옛 목판 글씨를 집자해서 고풍스런 분위기를 살려냈습니다.

　표지와 속표지를 속뜻 깊은 판화로써 책의 얼굴을 꾸며준 이철수님께 감사한 마음입니다.

　부족한 내용을 한 권의 책으로 만들어준 민족사에 감사드리며 이 책을 인연하는 모든 이웃들이 나의 참모습을 깨닫고 삶의 고통과 죽음의 두려움에서 벗어나 영원한 행복을 얻기를 합장(合掌)합니다.

1995년 1월 7일

천봉산 대원사에서
백일미타기도를 봉행하며……

차
례

책머리에 /5

생명해방의 대찬가 ─────── 15
1. 나무아미타불 세계로의 초대 • 17
2. 왜 '나무아미타불'인가? • 18
3. 나무아미타불의 의미 • 18
4. 생명해방의 대찬가 • 20

빛의 고향, 생명의 근원 ─────── 23
1. 깊어가는 가을, 깊어가는 외로움 • 25
2. 빛의 고향, 생명의 근원 • 26

우주의 마음으로 우주를 찬탄한다 ─────── 29
1. 오조 홍인(五祖弘忍)의 전생담 • 31
2. 정법계진언 '옴 람' • 33

진리의 대명사, 아미타불 ─────── 37
1. 화엄과 정토의 가람, 부석사 • 39
2. 진리의 대명사, 아미타불 • 43

본래없는 자기 모습 ─────── 47
1. 어머니와 아들 • 49
2. 돼지의 슬픔, 인간의 슬픔 • 51
3. 본래없는 자기 모습 • 52
4. 나무아미타불을 염불하라 • 54

현상이 바로 실상이다 ─────── 57
1. 풍수지리와 생명사상 • 59
2. 생명운동과 아미타신앙 • 61

하나의 달이 천강에 비추이듯 ─────── 65
1. 새로운 아침 • 67
2. 원효의 무애춤과 일본의 염불춤 • 67
3. 우리 민족은 신바람 체질 • 69

보살의 길 가려면 부처님의 호흡법 닦아야 ── 73
1. 날숨은 길게 들숨은 짧게 • 75
2. 출장식입단식 호흡법 • 78
3. 옴마니반메훔 명상호흡 • 79

근심걱정 벗어나서 감로(甘露)를 맛보라 ─── 81
1. '나'란 과거 기억의 보따리 • 83
2. 부처님의 아들 라훌라 존자 • 84
3. 산란심을 다스리는 염불호흡법 • 86

지장이여! 지장이여! 어머니의 눈물이여! ── 89
1. 죄업 중생의 어머니, 지장보살 • 91
2. 지장보살 염불명상법 • 95

남이 없는 마음, 지장의 마음 ─────── 97
1. 이기심은 자해행위 • 99
2. 상투 속의 지장보살 • 101

티베트불교 기본명상법 ─────── 105
1. 달라이 라마의 가르침 • 107
2. 성산(聖山), 카일라스 • 109
3. 전신투지예배 명상법 • 111

마음의 평정, 삶의 활력을 주는 염불선 —— 115
1. "공부가 되지 않습니다" • 117
2. 번뇌는 끊는 것이 아니다 • 119
3. 이고득락(離苦得樂)의 염불공부 • 120

떠도는 어린 넋들을 위하여 —————— 123
1. 부끄러운 세계 제일 • 125
2. 어린 영혼과 부모의 고통을 해탈로 인도하는 가르침 • 125
3. 수자지장의 슬픈 설화 • 127
4. 수자령 천도공양법 • 129

궁극의 명상, 관세음보살
최상의 실천, 대세지보살——————— 133
1. 염불은 염불이 아니다 • 135
2. 궁극의 명상, 관세음보살 • 138
3. 최상의 실천, 대세지보살 • 140

사랑의 눈매여! 연민의 눈빛이여! ———— 143
1. 자기의 눈빛을 점검하라 • 145
2. 자비심의 계발, 에너지의 전환 • 147

열 개의 얼굴을 지나 부처의 얼굴을 보라 — 155
1. 자연의 재앙은 인간 마음의 반영 • 157
2. 자비심이 해탈이다 • 158
3. 십일면 관세음보살 • 161

삶은 끝없이 포기하는 일입니다 ————— 163
1. 행복의 걸림돌, '나쁜 놈' • 165
2. 관음의 전생 이야기 • 167
3. 수녀들의 환속 이유 • 169
4. 삶! 끝없이 포기하는 일 • 170

관(觀)을 자재(自在)하면 보살이 됩니다 —— 173

1. 참으로 부끄러운 일, 자기 본성에 대한 무지 • 175
2. 한 잔의 차에서 바다를 본다 • 177
3. 물 속의 달을 붙잡으려 하는가? • 180

염불행자의 생활원리 —————————— 183

1. 자비의 집, 인욕의 옷 • 185
2. 염불행자의 생활원리 • 189

마음의 해방, 관음의 명상 ——————— 191

1. 관세음보살을 화나게 하는 염불 • 193
2. 자비의 명상, 관음의 명상 • 194

계율을 지키면 고통이 사라진다 ———— 199

1. 좋은 일 하려고 애쓰기보다는 • 201
2. 계율을 지키면 고통이 사라진다 • 202

무아(無我)의 삶 ————————————— 207

1. 생명의 근원으로 돌아가는 길 • 209
2. 자아의식을 넘어서 • 212
3. 신(神)을 간단히 보는 기도, 선(禪) • 214

한 잔의 차를 마시며 ——————————— 219

1. 선심 차심(禪心 茶心) • 221

티베트불교에서의 삶과 죽음 ——————— 225

1. 통치원리로 적용된 윤회사상 • 227
2. 자비심으로 환생하는 린포체 • 227
3. 이기적인 욕구에서 벗어나는 것이 불교수행의 근본 • 230
4. 불보살의 화신국, 티베트 • 233

부처의 염불, 부처의 좌선 ——————— 237
  1. 수행은 왜 필요한가? • 239
  2. 은행나무의 교훈 • 240

생명해방의 대찬가

1. 나무아미타불 세계로의 초대

"우리 수녀들이 '사랑'이란 말을 가장 많이 사용할 것입니다. 그러나 사랑이 제일 부족한 곳이 저희 수녀원 생활이지요."

"아 그렇습니까? 우리 절 집안을 가리켜서도 자비문중이라고 하는데 정말 스님들처럼 이기적인 사람도 찾아보기 어렵지요."

언젠가 송광사를 찾아온 수녀님과 나누었던 대화 한 토막이다.

세상의 수많은 교회와 사원에서는 이 시간에도 사랑과 자비를 노래하고 있지만 세상은 날이 갈수록 혼란과 불안 속으로 치달리고 있다.

지금은 사랑과 자비를 이야기할 때가 아니다. 자신의 욕망과 증오를 정화할 수 있는 길을 닦아야 할 때이다.

지금은 자기 주장만을 내세울 때가 아니다. 침묵 속에서 자기 생각의 실체를 깨달아야 할 때이다.

지금은 좋은 일 하려고 애쓸 때가 아니다. 자신의 좋지 않은 습관을 한 가지 고치는 데 힘써야 할 때이다.

지금은 새로운 일을 한 가지 시작할 때가 아니다. 이제껏 하던 일 한 가지를 쉬어야 할 때이다.

인간의 모든 정신적 질환과 고통은 근원으로부터의 단절에서 온 것이다. 생명의 근원을 알지 못하고는 인간의 어떠한 행복도 영원할 수 없다.

생명의 근원으로 돌아가는 길. 인간의 욕망과 생각 너머에 존재하는 영원한 축복에 이르는 그 길. 바로 '나무아미타불의 세계'로 여러분들을 초대한다.

2. 왜 '나무아미타불'인가?

우리나라에서 불교인이 아닌 사람에게도 가장 귀에 익은 불교용어 한 마디는 '나무아미타불'이 아닌가 생각된다. 그러나 그 진정한 의미를 알고 있는 사람은 불교인 중에서도 많지 않다.

우리의 선인들은 '나무아미타불'의 여섯 글자를 산사의 입구마다 돌에 새겨 천 년 뒤의 중생들에게도 전해지기를 염원하였다. 신라시대, 우리나라 최초의 만일기도 염불도량이었던 강원도 건봉사 입구에는 '나무아미타불'을 새긴 돌기둥 위에 한 마리 닭이 조각되어 있다. 일찍 일어나서 염불하라는 의미이다.

사람이 한평생을 살다가 이 세상을 하직할 때에 아직 살아 남은 사람들이 한마음으로 영가를 부르며 일러주는 한 마디가 '나무아미타불'이 아닌가! 인간의 삶이란 결국 '나무아미타불' 한 마디로 귀결된다고 볼 수도 있다.

과거의 불교인들은 '나무아미타불' 육자염불만으로 안심입명(安心立命)을 얻고 불법의 근본으로 나아갈 수 있었다. 그렇다면 우리 민족의 숨결처럼 전해져 온 이 '나무아미타불의 신앙' 속에 어떤 보석이 숨겨져 있는 걸까.

3. 나무아미타불의 의미

일반적으로 '아미타불' 하면 극락세계에 계시는 부처님을 가리킨다. 극락이란 인간의 모든 번뇌와 고통은 사라지고 영원한 행복만이 존재한다는 이상향이다. 그 세계에 태어나기를 원하는 사람은 경전에 묘사된 극락세계의 장엄한 모습을 눈앞에 보듯 분명하게 관상하면서 '나무아미타불'의 명호를 일심으로 부르면 정토에 태어나게 된다고 하였다.

우선 '나무아미타불'의 어원을 살펴 본래의 의미를 더듬어 본다.

첫번째 음절인 '南無'는 범어(梵語) 나모(Namo), 나마스(Namas)의 옮김으로 귀의(歸依), 귀명(歸命), 즉 목숨을 바쳐 돌아간다는 의미이다. 이 돌아가는 의미에 세 가지가 있다.

첫째, 나의 신명(身命)을 바쳐 부처님께 돌아간다.
둘째, 나의 신명을 바쳐 부처님의 가르침에 따른다.
셋째, 나의 신명을 바쳐 생명의 근원에 돌아간다.

중생의 육근(六根)이 일심(一心)으로부터 생겼으나 육진경계에 따라 보고 듣고 맛봄으로 팔만사천의 번뇌를 일으켜 고통 속에 있으므로 근원적인 생명의 빛을 돌이켜 일심의 근본으로 돌아간다. 이것이 '南無' 두 글자가 갖는 의미이다.

두 번째 음절 '아미타불'에는 두 가지 의미가 포함된다.

첫째, 아미타바(Amitaba), 무한한 광명의 바다〔無量光〕
둘째, 아미타유스(Amitayus), 영원한 생명의 바다〔無量壽〕

무한한 광명은 끝없는 우주 공간과 지혜를 상징하고, 영원한 생명은 영원한 시간과 자비의 상징이다.

이같은 의미로 볼 때 '아미타불'이란 부처님의 마음이며 번뇌와 죄악에 더럽혀지지 않은 청정한 불성(佛性), 곧 중생의 본성(本性)임을 알 수 있다. －목숨 바쳐 돌아가리, 아미타 부처님께－라는 '나무아미타불'의 의미는 고통받는 중생들이 생명의

실상을 자각하고 생명의 고향으로 돌아가고자 염원하는 간절한
'그리움의 노래'이다.

4. 생명해방의 대찬가

번뇌를 정화하는 수행, 그것이 부처님의 가르침이다. 그러나 더욱 본질적인 가르침은 번뇌가 본래 존재하지 않음[煩惱本空]을 깨달아 어둠의 미망을 부수고 본래 밝음의 존재를 드러내고자 함이 '나무아미타불'의 핵심이다.

나무아미타불은 나의 생명이 병들고 늙어 죽어가는 이 육신이 아니라 부처님의 광명 속에 영겁불멸(永劫不滅)하는 영원한 생명임을 찬탄하는 생명해방의 대찬가이며 중생해탈의 위대한 만트라(Mantra)이다.

어머니의 젖에 아기를 생장시키는 모든 영양소가 갖춰져 있듯이 아미타불의 염불에는 중생을 성숙시키는 일체 공덕이 갖춰져 있다. 나무아미타불의 육자염불에는 중생의 에너지를 부처의 에너지로 전환시키는 부사의한 공덕이 포함되어 있다.

불도수행은 고행이나 금욕이 아닌 대안락의 길이다. 인간의 모든 고통은 '나'라고 불리우는 현상, 즉 인간의 참된 본성에 대한 무지에서 비롯되는 것이다.

인간 죄악의 근본은 무엇인가?

범부중생들의 한량없는 죄악의 뿌리는 어디에서부터 비롯되었는가?

그것은 모든 생명이 본래 하나의 큰 생명임을 알지 못하고 몸

뚱이 하나에 하나의 생명이 별도로 존재하는 것으로 착각하기 때문이다. 이것을 근본무명(根本無明)이라고 한다.

근본무명이 뿌리가 되어 마음이 미혹되고 미망의 어둠 속에서 대립과 투쟁이 생겨난다. 대립과 투쟁은 탐욕과 증오를 불러일으켜 팔만사천의 번뇌를 일으키고 생사윤회의 원인이 된다. 인간의 모든 고통과 불안은 바로 근원으로부터의 단절에서 온 것이다.

사람들은 저마다 행복을 추구하고 고통을 외면하지만, 행복은 얻지 못하고 고통스럽게 살아간다. 그것은 행복의 법칙을 따르지 않기 때문이다. 우주법계와 일체중생이 하나의 불성(佛性)임을 깨닫지 못하고 너와 나를 분별하는 한, 인간의 영원한 행복은 어디에서도 찾을 수 없다.

생명과 우주의 실상을 한 마디로 표현한 것이 바로 '아미타불'이다. 부처님의 깨달음을 한 마디로 압축한 것이 '아미타불'이다.

생명의 실상인 불성의 바다를 관상하고 나무아미타불의 염불이 지극해질 때 산란과 미혹의 마음에 고요와 광명이 깃들게 된다. 탐욕과 증오의 마음은 사랑과 연민으로 변화하게 된다. 차별과 질투의 마음은 평등과 헌신으로 변화하게 된다.

욕망과 원한, 그리고 불안의 소용돌이에 휘말려 돌아가는 현시대에서 삶의 고통으로부터 해방되기를 원하는 사람은 생명해방의 대찬가인 '나무아미타불'을 염불하여야 한다.

'나무아미타불'의 염불은 사람을 윤회의 쳇바퀴에 갇히게 하는 모든 집착과 미망으로부터 마음을 완전히 정화시켜 생명의 참모습에 눈뜨게 하기 때문이다.
  여기《석문의범》〈방생의식〉에 나오는 헌신의 노래가 있다.

버들가지 청정한 물이여!
하늘과 땅에 다 뿌려짐인가
허공같은 이 마음은
다함없는 공덕의 바다로세
이 몸 다하도록
오직 중생만을 위해 살았으면
중생, 중생들의
그 복락 바다와 같아지고
그 수명 큰 산 같아지이다
이내 죄업의 순간순간아
남김없이 다 없어지거라
치솟는 이 탐욕의 불꽃아
중생을 사랑하는 까닭에
여래를 사모하는 까닭에
아! 한 송이 연꽃으로 피어지거라
南-無-阿-彌-陀-佛

빛의 고향, 생명의 근원

1. 깊어가는 가을, 깊어가는 외로움

구름이 흘러가며 만상 위에 뜨듯이
물이 흘러가며 만상을 비치우듯이
그런 길의 나그네 되어 끝없이 흐르고 싶은 계절

가을이 깊어가면 인간의 외로움도 깊어가는가? 여린 사람들은 낙엽이 뒹굴고 하늘이 투명해지면 알 수 없는 슬픔이 일어나고 먼 그리움이 일렁인다. 어디론가 떠나고 싶고 누구인가 만나 삶의 근원적인 문제를 묻고 싶어진다.

보통 사람들은 삶의 공허함과 외로움을 달래기 위해 이성을 찾고 술과 음악을 찾는다. 조금 강한 사람들은 외로움을 껴안고서 그 외로움을 바탕으로 성취와 좌절을 맛보며 삶을 이어간다.

외로움. 외로움을 달래기보다는 외로움의 정체를 분명히 알아서 외로움을 넘어서는 길은 없을까? 인간 누구나 가슴 가운데 간직하고 살아가는 '외로움'이라는 병. 그 병을 옛 사람은 회향병(懷鄕病)이라고 하였다. 가슴에 고향을 품고 있다는 것이다. 그래서 인생은 나그네길이라고 했는가? 고향을 떠나온 실향민은 항상 고향을 그리워하게 마련이다. 생명의 근원으로부터 멀어진 인간들은 생명의 고향을 그리워하게 마련이다.

인간의 삶은 욕망과 증오에 몸부림치고 질병과 죽음 앞에 고통과 불안의 삶을 살아간다. 지상의 모든 강물이 다같이 바다를 향해서 흐르고 있듯이 살아있는 모든 생명은 영원한 행복의 세계를 갈망한다.

파괴되지 않을 영원한 행복을 성취하기 위해서는 생명의 근원인 부처님의 마음으로 돌아가야 한다.

우리가 부처님의 세계를 헤아리지 못하고 극락세계에 대한 믿음을 일으키지 못하는 것은 오욕락에 빠져 있기 때문이다.

인간의 욕망이 정화되고 육근(六根)의 감각기관이 청정해질수록 인간의 생각과 욕망 너머에 존재하는 청정한 불보살의 세계에 눈뜨게 된다.

부처님의 마음이란 바로 인간의 본성이다. 인간의 본성〔佛性〕은 착함을 좇게 되어 있지만 업보(業報)의 힘에 눌리어 욕망과 죄악에 빠져드는 것이다.

'나무아미타불'의 염불은 업보의 얽매임에서 인간을 해방시키는 부처님의 광명이다. '나무아미타불'의 염불은 자기 내면의 빛을 깨닫게 하는 부처님의 자비이다.

"진정한 빛은 우리들 마음 깊은 곳에서 발산되는 빛이다. 그것은 스스로도 알지 못하는 우리들 마음속의 비밀을 비춰내어 우리가 삶에 만족하고 행복해질 수 있도록 만들어 주는 한 줄기 빛이다.

나는 내 안에 살아 움직이는 모든 삶에 대해 깨어 있고 싶다. 궁극에 이르기까지 매 순간을 나는 느끼고 싶다."

칼릴 지브란

2. 빛의 고향, 생명의 근원

물을 떠난 고기는 물로 다시 돌아가기 전에는 어떤 자유와 행복도 기대할 수 없다. 진리에서 비롯된 인간이 진리의 삶을 향하지 않고는 영원한 행복은 기약할 수 없다. 광명에서 비롯된 인간이 광명을 향하지 않고는 내면의 빛을 볼 수 없다.

인간의 병이 많지만 어떤 병보다도 먼저 외로움의 근원인 '회향병'을 다스리지 않으면 안 된다. 사람들은 많은 여행을 떠나지만 생명의 고향을 향한 여행을 망각해서는 안 된다. 수많은 노래가 있지만 빛의 고향, 생명의 근원에 눈뜨게 하는 그리움의 노래를 부르지 않으면 안 된다.

만트라(Mantra)는 마음(Man)의 해방(tra)을 뜻하는 범어(梵語)이다.

아미타 만트라의 에너지는 인간의 감각적인 욕망을 정화하고 방황하는 마음을 멈추게 하며 자아의식의 족쇄를 풀어 광대무변한 우주의식으로 마음을 해방시킨다.

아미타 만트라의 강물에 우리의 몸과 마음을 던지면 사유의 세계를 초월하여 절대의 세계를 맛보게 된다.

빛으로 충만한 아미타의 세계를 관상하면서 '그리움의 노래'를 부르면 기쁨과 행복이 충만한 진리의 바다에 이르게 된다.

여기 고빈다 라마가 부른 생명의 노래가 있다.

무한한 빛 아미타불이시여!
당신은 내 가슴속에 살아 계셔서
나로 하여금 광활한 당신의 영을 깨닫게 합니다
당신의 살아있는 현존을 나타내심으로써
나를 욕망의 속박에서 벗어나게 하소서

하잘것없는 일들의 굴레로부터
좁아터진 이기심의 오욕으로부터
당신의 지혜의 빛으로 나를 밝혀 주소서
당신의 사랑이 파도처럼 밀려와 나를 감싸 주소서

무한한 빛 아미타불이시여!
당신의 광명은 어둠마저도 포용하고 있습니다
타고 있는 심지의 어둠을 밝히는 빛처럼
사랑스런 아기를 품에 안은 어머니처럼

무한한 빛 아미타불이시여
어머니의 포근한 자궁속에서 자라나는 생명은
연약한 씨앗을 보호해 주는 대지처럼 안전합니다
나로 하여금 당신의 살아있는 빛의 씨앗이 되게 하소서!

이기심의 두터운 껍질을 부숴뜨리는
강함을 나에게 주소서
그 씨앗이 다시 태어나기 위해서 죽어야 하듯이
나로 하여금 죽음의 문턱을 두려움 없이 지나가게 하소서
그래서 나는 더 큰 생명으로 깨어나게 될 것입니다

무한한 빛 아미타불이시여
당신의 사랑은 모든 생명을 품에 안으며
당신의 지혜는 모든 사랑을 감쌉니다

우주의 마음으로
우주를 찬탄한다

1. 오조 홍인(五祖弘忍)의 전생담

문경 봉암사는 신라 구산선문(九山禪門)의 하나이다. 희양산 봉암사의 개산조인 지증국사는 중국선의 정맥인 4조 도신(四祖道信)의 법맥을 잇고 있다. 달마, 혜가, 승찬으로 이어지는 선종의 맥은 4조 도신에서 신라승 법랑(法朗)으로 한 가지가 뻗어나가 신행, 준범, 혜은으로 이어져 지증에게로 전해진다.

중국의 선종은 도신의 시대에 이르러 비로소 총림을 이루게 된다. 도신이 30년 동안 주석한 쌍봉산에는 오백의 대중들이 모여 선종의 황금시대를 준비하고 있었다.

그때 도신대사에게 백발이 성성한 한 노인이 찾아와 출가수도를 간절히 원하였다.

"당신의 뜻은 장하지만 육신의 나이가 너무 많아 수도생활이 어렵소. 정 출가의 뜻이 있거든 몸을 바꿔서 오시오. 내가 당신을 기다리겠소."

노인이 절을 하고 물러가 개울가에 이르니 한 처녀가 빨래를 하고 있었다.

"아가씨, 먼길 떠나는 노인인데 당신집에서 하룻밤만 쉬어가게 해 주시오."

날은 어두워지는데 노인이 부탁을 하므로 집에 모시고 와서 부모님께 말씀드리고 하룻밤을 쉬게 하였다.

이튿날 보니 노인은 누운 채 그대로 죽어 있었다. 그때부터 처녀는 배가 불러오기 시작했다. 부모는 시집도 안 간 처녀가 임신을 하게 되니 집안의 망신이라고 호통치며 쫓아내고 말았다.

집에서 쫓겨난 그녀는 날품으로 연명하면서 10개월이 지나 잘생긴 사내아이를 낳았다. 자식을 품에 안은 그녀는 아버지도 없는 자식을 어떻게 키울 수 있겠는가 하며 강가에 이르러 아기를 강물에 띄워 보냈다. 그런데 강물에 떠내려가던 아기가 강물을 거슬러 올라오는 것이 아닌가, 모성이 솟구친 여인은 아기를 다시 품에 안고 구걸을 해 가며 정성스럽게 키웠다.

아기가 7살이 되었을 때 거지 여인의 발길이 도신대사가 주석하는 쌍봉산에 이르렀다. 처음으로 절에 온 동자는 주저없이 법당에 들어가더니 쭈그리고 앉아 똥을 싼다.

스님들이 뛰어나와 부처님 앞에서 이게 무슨 짓이냐고 호통을 치니 거지 여인은 어쩔줄몰라 하는데 동자가 벌떡 일어서더니 큰 소리로 외친다.

"불신충만어법계(佛身充滿於法界)라, 부처님이 법계에 가득 차 있다고 했는데 그러면 내가 어디에 똥을 누란 말입니까?"

대중들이 놀라 동자를 도신대사에게 데리고 갔다.

"얘야, 네 성이 무엇이냐?"

"저는 무성아(無姓兒, 성이 없는 아이)입니다."

"모든 사람이 다 성(姓)이 있는데 너는 어째서 성이 없다고 거짓말을 하느냐?"

"저의 참된 성품은 불성(佛性)이기 때문이지요. 불성은 공(空)하다고 하지 않습니까? 출가를 위해 스님을 다시 찾아왔으니 어서 저를 제자로 받아 주십시오."

"허어, 참. 너는 아직 어려서 출가할 수 없는데……."

"스님, 전에는 제가 너무 늙어서 안 된다 하시고 지금은 또 너무 어려서 안 된다 하시면 도대체 저는 언제 출가할 수 있습니까?"
하고 따지는 동자의 모습을 꿰뚫어보니 전에 출가를 원하던 그 노인임을 알게 되었다. 이 동자가 훗날 도신의 법맥을 이어 혜능과 신수등 중국선의 주인공들을 배출한 오조 홍인, 그 사람이다.

2. 정법계진언 '옴 람'
경전은 말씀한다.

> 부처님의 몸이 법계에 충만하니(佛身充滿於法界)
> 일체중생의 눈앞에 나타나시네(普現一切衆生前)
> 《화엄경》

> 모든 부처님은 법계를 몸으로 삼는 것이니, 일체중생의 마음 가운데 들어 계시느니라. 그러므로 그대들이 마음으로 부처님을 생각할 때 이 마음이 바로 부처이고 이 마음으로 부처를 이루느니라.
> 《관무량수경》

일체 수행의 궁극은 생명과 우주의 실상(實相), 즉 법성(法性)을 깨우치는 일이다.
《화엄경》은 중생의 생각으로 헤아릴 수 없는 부처님의 깨달음의 세계를 장엄하게 펼쳐나가는 대우주의 교향곡이다.

사원건축과 불상, 탱화등의 불교문화 현상과 불교 의식들도 그 내용은 한결같이 법계에 충만한 불성광명(佛性光明)을 각성시키고자 함이다.

불자들이 가장 많이 독송하는《천수경》에 정법계진언(淨法界眞言) '옴 람' 이 있다.

옴람을 독송하고 그 본질을 명상함으로해서 본래청정한 자성과 법계를 드러내고자 함이다.

인간은 죄악과 번뇌에 오염되어 있지만 오염이 인간의 본질은 아닌 것이다. 불법의 궁극적인 가르침은 자신과 세상의 오염을 정화하고 벗겨내는 것이 아니라 본래 오염됨이 없는 자신의 본래 모습을 분명히 보게 하는 것이다.

다시 경전은 말씀한다.

불법에는 중생이 없다. 중생은 본래 오염에서 해방되어 있기 때문이다. 불법에는 자아가 없나니 자아의 오염에서 해방되어 있기 때문이다(法無衆生 離衆垢故 法無有我 離我垢故).

《화엄경》

옴람의 '옴' 은 불신(佛身)을 상징한다. 불신은 바로 우주법계이며 우주법계의 진동음이 '옴' 이고 물질의 기본단위인 원자의 진동음이 또한 '옴' 이다.

절에서 아침 저녁으로 울리는 범종소리는 바로 법계의 소리 '옴' 을 깨닫게 해준다. 그 연유는 에밀레종의 종명(鐘銘)에서 찾아볼 수 있다.

"지극히 완전한 진리는 법계에 가득 차서 눈으로 보려고 해도 볼 수가 없고 참된 진리의 소리는 천지간에 울리므로 들으려 하여도 들을 수 없는 것이다. 볼 수도 없고 들을 수도 없는 진리의 근원을 우리 중생들도 보고 들을 수 있게 하기 위하여 그 모양과 소리를 비유하여 이 신종(神鍾)을 만들어 울리는 것이다. 진리의 근원에 이르는 길에는 성문, 연각, 보살의 삼승(三乘)이 있지만 이 신종의 소리는 한 번 들으면 곧바로 진리의 세계에 도달하는 신비의 둥근 소리 일승원음(一乘圓音)인 것이다."

범종소리 '옴'의 진동음이 메아리 칠 때면 우리는 번뇌의 마음에서 벗어나 바다에 이는 물결과 같이 잔잔한 깨달음의 마음을 감지할 수 있다.

티베트불교의 예배법을 보면 두 손을 합장하여 먼저 이마에 댄다. 차례로 목과 가슴에 대면서 '옴·아·훔'의 만트라를 염송한다.

여기서 '옴'은 부처님의 몸, '아'는 부처님의 가르침, '훔'은 부처님의 마음을 각각 상징한다. 부처님의 청정한 불신(佛身)을 명상하여 오염된 중생의 몸과 마음을 맑히우는 것이다.

또한 옴람의 '람'은 광명의 뜻이다. 우주법계의 실상은 나도 없고 너도 없고 오직 자비광명의 파동만이 충만해 있다는 것이다. 이러한 우주법계의 실상을 한 마디 진언으로 표현한 것이 바로 '옴람'이다.

그것은 너도 나도 삼라만상과 우주까지도 궁극적으로는 한 줄기 광명임을 통찰하는 것이다.

좌선도 염불도, 삶도 죽음도 '옴람의 세계'를 꿰뚫어보지 못하고서는 근원의 진리에 나아갈 수 없다.

아미타불이란 우주법계에 충만한 광명과 우주의 마음을 인격화한 것이다. 그리고 나무아미타불이란 우주의 마음으로 우주를 찬탄하는 깨달음의 노래이다.

우주의 마음을 일깨우고 눈앞에 계시는 부처님의 형상을 깨우쳐 주기 위해 관세음보살이 우리 곁에 계신다.

설사 온 세계가 불바다일지라도
반드시 뚫고 나가 불법을 듣고
모두 다 한사코 부처가 되어
생사에 헤매는 이 구제하여라

《무량수경》

진리의 대명사, 아미타불

1. 화엄과 정토의 가람, 부석사

한국, 중국, 일본 세 나라는 같은 대승불교권이면서도 각각 독특한 불교문화를 꽃피워 왔다. 그 중의 한 가지 원인을 나라마다 크게 받든 경전의 사상에서 찾아볼 수 있을 것이다.

일본불교의 중심을 흐르는 강물은 단연《법화경》이다. 중국불교에서 가장 중요시된 경전은《원각경》이었다. 한국불교의 새벽을 밝히고 민족문화에 큰 영향을 미친 사상은《화엄경》이다.

통도사에서는 해마다 화엄산림법회가 한 달간의 일정으로 장엄하게 이어져 오고 있으며, 서울 구룡사의 백고좌법회도 화엄경을 강설하는 대법회였다.

또한 가야산 해인사, 조계산 송광사, 지리산 화엄사, 금정산 범어사, 계룡산 갑사, 태백산 부석사 등의 대본산들도 화엄종의 사찰로 창건된 절이다. 경주 불국사 또한 옛 이름이 '화엄불국사'이다.

그 중에서도 태백산 부석사는 신라 화엄종의 총본산으로서 의상대사의 원력으로 창건되었다. 의상대사는 화엄경의 근본사상을 널리 펼친 분이지만 그 밑바닥을 흐르는 숨결은 정토사상이었다.

한국불교 신앙의 형태는 화엄사상의 영향 아래 '정토는 화엄의 정토', '선은 화엄의 선'을 꽃피웠다고 볼 수 있다. 화엄경 도리가 선의 깨달음이요, 화엄경의 결론이 정토로 회향하고 있기 때문이다.

부석사의 가람 구조는 화엄종의 사찰이지만 정토사상에 입각하여 설계 건축되었다. 가파른 경사면을 3단으로 구획하여 서방

정토의 3배9품(三輩九品) 왕생을 나타내었다.

　천상의 누각인 듯한 안양루를 통과하여 무량수전에 올라서면 상품상생(上品上生) 극락의 가장 윗자리이다. 한국에서 가장 오래되고 아름다운 목조 건축의 하나인 무량수전 앞 뜰에 서면 저 멀리 태백과 소백의 산자락들이 바다의 파도처럼 넘실거린다. 산에 와서 바다를 느낄 수 있는 곳, 부석사는 그런 곳이다.

　생명의 바다 위에 넘실대는 빛의 파도, 부석사의 가람구조에서는 이상적 극락세계를 현실에 구현하고자 했던 의상대사의 열정을 느낄 수 있다.

　무량수전의 단아한 글씨는 고려말 공민왕의 친필이다.

　법당을 참배하게 되면 다른 사원에서는 볼 수 없는 독특함이 있다. 본존인 아미타불이 정면이 아닌 측면에 모셔져 있기 때문이다. 법당의 방향이 남향인지라 측면인 동향으로 본존불을 모셔야 서방정토를 등지지 않고 예배할 수 있기 때문이다.

　의상대사는 서방정토 아미타불에 대한 지극한 신앙으로 서방을 등지고 앉은 적이 없었다고 한다.

　그에게 전래하는 한 가지 일화.

　　의상의 문도 중에 허물을 범한 제자가 있어 법도에 의해 산문을 떠나게 되었다. 그는 세속에 살면서도 스승의 목상(木像)을 만들어 조석으로 예배하였다. 스승이 그 소식을 듣고 제자를 불러서 말했다.
　　"네가 진실한 마음으로 스승을 생각한다면 나는 일생 서쪽을 등지지 않고 살아왔는데 목상이라도 또한 감응할 것이다."

이에 제자가 의상의 목상을 돌려보았으나 스스로 몸을 돌려 서쪽을 향해 앉았다. 스승이 그를 가상히 여겨 죄를 용서하고 다시 받아들였다.

또 부석사 경내에 있는 원융국사비에는 다음과 같은 문답이 기록되어 있다.

한 제자가 스승에게 묻기를
"법당 안에 오직 아미타불만을 모시고 협시 보살등을 봉안하지 않은 까닭이 무엇입니까?"
의상대사 답하기를
"일승(一乘)의 아미타불은 열반에 들지 않고 시방(十方)의 정토를 체(體)로 삼아 영원하기 때문이다."

무량수전 내부의 후불탱화도 좌우 보처 보살을 모시지 않고 오직 아미타불 한 분만을 모신 연유를 의상대사는 분명하게 밝혀주고 있다. 이 말씀은 아미타신앙의 본질과 염불선의 핵심사상을 밝혀주는 것이다.
당시 의상대사의 도덕과 법력을 흠모한 문무왕이 전답과 장원, 노비 등을 보시하고자 할 때 그는 적극 사양하면서 말하였다.
"불법은 지위의 높고 낮음을 평등히 보고 신분의 귀하고 천함을 없이 하여 한 가지로 합니다. 빈도(貧道)는 법계(法界)를 집으로 삼아 발우를 가지고 밭갈이를 하며 익기를 기다립니다. 법신(法身)의 혜명(慧命), 즉 지혜의 생명이 이 몸을 빌어 살고 있는 것입니다."

그의 입적 후 남긴 유품은 법복 세 벌과 정병(淨甁) 1개, 발우 1개가 전부였다고 한다.

참으로 우주법계가 나의 집이요, 불신(佛身)임을 깨달아 나와 남의 시비를 떠나고, 온 세상일을 나의 일로 책임을 느끼고, 온 누리 생명을 나의 자식으로 어여삐 여길 때 '화엄행자'라 할 수 있고, '염불도인'이 되고 '선방수좌'라 할 수 있을 것이다.

우리 한국불교에서 중요한 의식 때마다 독송되는 법성게(法性偈)는 자신이 깨달은 화엄의 사상을 7언 30구 210자로 서술한 것이다. 법성게를 지은 그는

"이 내용이 화엄경의 가르침과 일치한다면 불에 넣어도 타지 않을 것이다"

하고 불 속에 던졌는데 과연 불에 타지 않았다고 한다. 법(法)을 따라 흐르면 불(佛)에 이른다는 화엄일승법계도를 저술한 그는 저자 이름을 기록하지 않았다. 그것은 인연으로 생겨난 모든 것은 주인이 따로 있지 않다는 연기의 도리를 보여준 귀감이라 할 것이다.

의상대사, 그는 진실로 명성과 이익을 초월하여 일체중생을 가슴에 안은 화엄과 정토의 구현자였다.

밤이 어두울수록 별빛은 더욱 영롱하듯 시대가 멀어질수록 그의 자취는 빛을 더하고 있다.

2. 진리의 대명사, 아미타불

"마음을 닦는 데 세 가지 원리가 있으니 무상(無常)에 대해 명상하고, 사랑과 자비가 마음에 가득하게 할 것이며 모든 인간과 사물에 자성(自性)이 없음, 즉 무아(無我)를 아는 일이다.

공(空)의 깨달음이 생겨난다면 너는 모든 현상이 공이며 자아(自我)란 존재하지 않는다는 것을 저절로 깨닫게 될 것이다. 이 깨달음으로 인해 너는 무한한 기쁨을 누리게 된다. 네가 상대적인 보리심, 즉 자비심을 갖게 되면 너의 마음속에는 아직 공(空)을 깨닫지 못한 모든 존재에 대한 깊은 사랑과 동정심이 일어날 것이다. 이렇게 되면 네가 성취한 보리심으로 인해 네가 행하는 모든 행위는 가없는 중생들을 위한 보살행이 될 것이다. 공의 본질을 깨닫고 자비심과 하나될 때 비로소 참된 대승(大乘)의 길에 들어서게 된다."

이상은 티베트불교 카담파의 선지식 드롬의 가르침이다.

일체공(一切空)의 진리를 설파하여 중생의 미망과 집착을 깨뜨리고 삼세제불(三世諸佛)의 어머니가 되는 《대반야경》은 600권(309품, 4천 6십만 자)으로 이루어진 대승불교 최대의 경전이다.

이 방대한 600권 반야경의 전 내용은 한 권의 《금강경》에 요약되어 있다. 한 권의 금강경은 다시 260자의 《반야심경》으로 압축된다. 그리고 반야심경의 핵심은 마지막 18자 진언으로, 이 18자 진언은 다시 종자 만트라(Bija-Mantra), 프람(𑖨)으로 정리

된다.

 한 마디 음절, 프람의 범자(梵字)를 관상하고 그 음을 암송함으로해서 가슴이 열리고 공(空)의 세계를 직접적으로 체험하면, 600권《대반야경》의 진리가 한눈에 꿰뚫어지게 된다.

 불교의 팔만대장경이 광대무변하고 선종의 천칠백 공안이 심심미묘한 듯하지만 한 구절 '나무아미타불'에 일체의 불법이 섭수되는 것이다. 팔만대장경의 큰 강물도, 천칠백 공안의 선종도 일체 종교의 근본도 빛과 생명의 세계인 아미타불의 바다를 향해 흘러가기 때문이다.

 그래서 옛 선사는 이렇게 노래하였다.

온갖 반연 모두 쉬고서 (萬緣都放下)
다만 아미타불만 염하나니 (但念阿彌陀)
바로 그것이 여래선이며 (卽是如來禪)
또한 그것이 조사선일레 (亦是祖師禪)

 우리 속담에 '노는 입에 염불한다'는 말이 있다. 그 말의 속뜻은 할 일 없으면 염불이라도 해야 된다는 단순한 이치가 아니다. 삶과 죽음의 근본을 밝힌 일없는 도인이 깨달음의 법열로써 흥얼거림이 바로 '나—무—아—미—타—불'의 육자염불인 것이다. 아미타불이란 부처님의 깨달음과 우주의 마음을 인격화한 것이기 때문이다.

 아미타불은 다시 중생제도의 방편으로 관세음보살과 대세지보살을 거느린다. 관세음보살은 대자대비(大慈大悲)의 화신이며 대세지보살은 대희대사(大喜大捨)의 화신이다.

자비희사(慈悲喜捨)의 사무량심(四無量心)은 부처님과 보살의 마음이요 중생들의 본성이다.

불법의 진리를 깨닫고자 하거나 부처님과 영적인 교류를 원한다면 먼저 부처님의 성품에 초점을 맞추어야 한다. 그 중 가장 핵심적인 방법이 부처님의 마음과 생명의 근원적인 빛을 상징한 '나무아미타불'을 명상하고 염불하는 일이다. 자비의 마음으로 모든 이웃을 용서하고 사랑하며 집착 없는 마음으로 주어진 일에 충실하고 일체 생명에 헌신하는 일이다.

그때 아집과 욕망등 이원적 대립관념은 지혜와 자비의 빛으로 전환되고 온 누리 가득찬 부처님의 생명력을 감지하게 된다.

아, 아, 우리 마음의 물만 맑으면 어찌 부처님 그림자 응하지 않으시리.

마음이 평등하면
어찌 계행 지키기를 애쓰며
행실이 바르면
어찌 선(禪)을 닦을 필요가 있겠는가?
의리를 지키면
상하가 서로 사랑하고 돕게 되고
서로 사양할 줄 알면
높은 이나 낮은 이나 함께 화목하게 되고
참고 견디면
모든 나쁜 일은 없어진다 《육조단경》

본래없는 자기 모습

1. 어머니와 아들

얼마 전 부산에 사는 한 부부가 4살된 아들을 데리고 송광사를 찾아왔다.

아들을 위해서 3일기도를 왔다고 했다. 무슨 연유인가를 물었더니 고민을 털어 놓았다.

"아기가 어려서는 잘 몰랐는데, 귀가 좋지 못한 것 같아요. 병원에 가서 진찰해 보니 오른쪽 귀는 완전히 먹었고 왼쪽 귀는 절반밖에 듣지 못한다고 해요. 병원에서도 고칠 수 없으니 특수학교로 진학시키려 하는데 답답하고 원망스러워서 부처님께 기도라도 드리려고 왔어요. 조상들이나 부모들이 다 건강한데 아기한테 이런 불행한 일이 있을 수 있는가요?"

차 한 잔을 대접하면서 부모에게 대답하였다.

"인간관계에서 부모 자식은 가장 가까운 사이입니다. 어머니와 자식은 말 이전에 생각으로 의사전달이 이뤄지지요. 특히 임신중의 어머니의 생각은 아기의 성장에도 큰 영향을 미친다고 합니다. 혹시 아기를 가졌을 적에 누군가를 미워하거나 원망한 적이 없습니까?"

부부가 한참 서로 마주 보더니 부인이 고개를 떨구며 말하였다.

"실은 이 사람이 저에게 어찌나 잔소리가 심한지 한 얘기를 또 하고 또 하곤 해서, 잔소리를 안 듣고 살았으면 좋겠다고 늘 생각했었지요."

"우리 눈앞에 나타난 현상은 모두 원인이 있고 법칙이 있습니다. 그것은 내 마음에서 나간 것은 내게로 다시 되돌아온다는 것입니다. 지금 얘기를 들어 보니 아기의 귀먹은 원인이 선명하게 드러났습니다. 듣고 싶지 않다는 상념이 아기에게 그대로 전해져서 듣지 못하고 있을 뿐입니다. 아기를 고치고 싶으면 제 얘기를 잘 듣고 꼭 실천하십시오."

"네, 꼭."

"아기에게는 현재 아무런 부족함도 없고 잘못도 없습니다. 다만 엄마의 부정적인 생각이 아기를 통해서 나타났을 뿐입니다. 먼저 자신의 잘못된 행위를 정확하게 깨닫고 그 행위를 참회하십시오. 아기의 병은 병원이나 절에 와서 고쳐지는 게 아닙니다. 먼저 이제까지 원망하고 불평했던 부군에게 참회를 하세요.

어떻게 보면 우리 앞에 나타나는 모든 일들은 궁극적인 진리를 깨닫게 해주기 위한 부처님의 연극입니다.

남편의 잔소리는 교만하고 무지한 나를 불법의 진리로 이끌기 위한 부처님의 자비입니다. 자신의 행위를 참회하고 부군의 잔소리를 감사하게 생각하면 아기는 정상으로 되돌아올 것입니다.

진리의 마음을 받아들이면 미망의 어둠은 사라지는 것입니다. 거사님도 원인을 제공한 허물이 큽니다만 지난 잘못에 집착하여 죄의식에만 매여 있지 말고 본래 완전하고 건강한 아기의 모습을 그리면서 나무아미타불 염불을 해주십시오."

현상의 물질세계는 마음의 그림자에 불과한 것이다. 현상 이전의 근본원인을 깨닫지 못하고 그림자에만 집착해서는 고통과 불행의 삶은 끝이 없다.

참된 기쁨과 영원한 행복을 원한다면 영원한 진리인 나무아미타불을 염불하지 않을 수 없다.

2. 돼지의 슬픔, 인간의 슬픔

돼지 열 마리가 소풍을 갔다.

목적지에 도착한 우두머리 돼지는 인원 점검을 해보았다. 떠날 때는 열 명이 떠났는데 지금은 아홉 마리뿐이었다. 돼지들은 소풍의 기쁨도 잊어버리고 친구를 잃은 슬픔에 잠겨 있었다.

지나가던 나그네 돼지가 물었다.

"왜 그렇게 비탄에 잠겨 있소?"

"우리들 돼지 열 마리가 소풍을 왔는데 와서 보니 아홉 마리뿐이오. 우리는 지금 친구 한 마리를 잃어버린 슬픔에 잠겨 있소."

나그네 돼지가 돼지들을 헤아려 보니 열 마리가 그대로 있었다. 소풍 온 돼지들은 저마다 자기 자신은 빼놓고 남의 숫자만 헤아리며 슬픔에 잠겨 있었던 것이다. 나그네 돼지의 깨우침을 듣고 열 마리 돼지들은 비로소 슬픔에서 벗어나게 되었다.

국민학교 교과서에 실려 있던 이 우화는 실로 수행의 근본을 일깨워 주는 교훈이 아닐 수 없다.

잃어버린 돼지는 본래 없었다.

인간의 경우도 마찬가지다.

진실로 슬퍼하거나 불행을 느껴야 할 이유는 없다. 인간에게 슬픔과 고통, 죄악과 번뇌를 가져다 주는 것은 자신의 본성에 대한 무지에서 비롯된다.

자신은 구제불능의 중생이고 눈먼 죄인이라고 생각하면서 이런 저런 기도와 수행을 하고 있다. 그러나 이미 자신을 제한시켜 놓고 기도하고 수행한다면 그 수행은 큰 결실을 기대할 수 없다. 수행의 근본은 생명의 본성에 대한 자각과 우주의 실상을 먼저 통찰하여야 한다.

불자들이 "성불하십시오" 하고 인사하는 것은 미래에 부처가 되십시오 하는 말이 아니다. 그것은 "당신이 바로 부처님입니다" 하는 일깨움이다.

3. 본래없는 자기 모습

우리 눈앞에 생생하게 펼쳐지는 영화의 화면들이 실상은 빛과 그림자의 단순한 조합에 불과하듯이, 다양한 형태의 생명과 지구, 태양계와 은하계까지도 우주적 차원의 영화속에 전개되는 빛과 그림자의 단순한 조합에 불과한 것이다.

현대물리학에서는 물질의 기본 구성요소를 '원자(atom)'라 부른다. 이 원자는 원자핵을 중심으로 전자가 돌고 있는데 원자핵은 다시 +전기를 띤 양자(陽子)와 +도 -도 아닌 성질을 가진 중성자(中性子)로 구성된다. 양자와 중성자는 또 '쿼크'라는 소립자로 구성되는데 이들은 끊임없이 생성 소멸을 계속하는 광명의 파동현상이라고 한다.

인간의 육체와 모든 물질현상은 그대로 광명의 형상화에 지나지 않는 것이다. 1cm의 1억조분의 1을 1광자(光子)라 하고 이 광자와 광자들의 생성 소멸하는 과정의 적집된 상태가 바로 이 몸이요, 이 세계이다.

　이렇게 보면 우리가 숨 한 번 들이쉴 때 천백억의 석가를 들이 마셨다 내쉬고, 눈 한 번 깜박일 때 삼천세계가 진동하는 것이다. 이같은 이치를 《능엄경》에서는 이렇게 표현하고 있다.
　"한 터럭 속에 한량없는 부처님의 나라가 장엄하게 건립되어 있다 (一毛孔中 無量佛刹藏 淸淨曠然安立)."
　《금강경》에서는 이 세상이 마치 꿈과 같고, 허깨비와 같고, 물거품 같고, 그림자 같다고 하였다(一切有爲法 如夢幻泡影).
　부처님은 《법구경》에서 다시 말씀한다.

　　　물거품 같다고 세상을 보라
　　　아지랑이 같다고 세상을 보라
　　　이렇게 세상을 관찰하는 사람은
　　　염라왕을 만나지 않는다

　밤 하늘의 달은 기울어지면 다시 차오르고, 보름달은 다시 조각달을 향해 기울어진다. 인간의 삶도 이와 같아 탄생이 있으면 늙음과 죽음이 있고, 죽음은 다시 새로운 탄생을 잉태한다.
　그러나 달의 실체는 한 번도 반달이 되고 초승달이 되어 본 적이 없다. 항상 둥글고 원만한 모습으로 온 누리를 비출 뿐. 인간의 삶 또한 생명의 본질에서 보면 우주의 광명속에 영원한 생명만이 존재할 뿐이다. 늙고 죽음도 본래 없는 것이라고〔無老

본래없는 자기 모습·53

死]《반야심경》은 강조하고 있다.

　일체 현상이 본래 적멸의 모습이니 불자가 이같은 도리를 깨우치면 내세에 부처되리라

　불행도 고통도 질병도 죽음도 존재하는 것이 아니다. 인간도 우주도 존재하는 것이 아니다. 인간과 우주에 존재하는 것은 불성(佛性)뿐이다. 부처님의 지혜와 자비의 광명뿐이다. 이렇게 바로 아는 것이 진리의 생활이다. 이렇게 알고 노래하는 것이 나무아미타불이다.

4. 나무아미타불을 염불하라
　우리가 생각 한 번 일으키는 그 순간 우리 몸을 구성하는 세포에도 변화가 일어난다. 욕정이 일어날 때, 분노가 일어날 때, 공포에 휩싸일 때 생명 본래의 평화의 리듬에서 이탈하여 불안에 빠져들게 된다.

　그러나 내 마음의 본체가 부처의 성품과 조금도 다름이 없다는 자각이 확고해질 때 우리 몸을 구성하는 세포의 배열에 일대 변화가 온다고 한다. 그때 우주법계에 충만한 부처님의 생명력과 하나로 통하게 된다. 모든 의혹과 두려움은 사라지고 법에 대한 흔들리지 않는 믿음이 자리잡게 된다.

　고통과 불행을 숙명처럼 껴안고 살아가는 중생들은 무지의 어둠에 덮여 있기 때문이다. 빛이 없는 상태, 무명(無明)속에 살

고 있기 때문이다.

중생의 존재는 탐욕과 아집이며 번뇌와 무지의 덩어리이다. 진리의 근원을 밝혀주는 아미타불에 귀의하는 일은 어둠속의 중생들이 비로소 한 줄기 광명을 보게 되고 행복의 세계를 맛보게 된다.

그대, 질병의 고통에서 벗어나기를 원하는가?
나무아미타불을 염불하라
본래 병 없음의 완전한 건강을 얻을 것이다
그대, 가난에서 벗어나기를 원하는가?
나무아미타불을 염불하라
부족함이 없는 보배 창고를 얻을 것이다
그대, 어리석음을 한탄하는가?
나무아미타불을 염불하라
태양보다 밝은 총명 지혜를 얻을 것이다
그대, 생사의 고통에서 벗어나기를 원하는가?
나무아미타불을 염불하라
태어난 적도 없고 죽은 적도 없는 진실 생명을 깨닫게 될 것이다

현상이 바로 실상이다

1. 풍수지리와 생명사상

동리산 태안사는 신라 구산선문(九山禪門)의 하나이다.

문경 봉암사와 함께 선 수행의 전통이 오늘까지 이어져 오는 한국불교의 성지이다.

태안사가 구산선문의 역사적인 전통을 오늘에 다시 꽃피우게 된 것은 평생을 위법망구(爲法忘軀)의 대용맹심으로 고행정진 하시어 선·정·율·밀(禪淨律密)의 정수를 체득하신 청화선사(淸華禪師)의 법향(法香) 때문이리라.

큰스님은 정통선과 원통불교를 선양하시며 상불경행(常不輕行)으로 사부대중을 제접하신다. 태안사를 참배하는 불자들은 큰스님의 가르침과 지나온 행장을 통해서 자아의식과 관념, 욕망의 세계를 넘어선 무아(無我)·무애(無碍)·무욕(無欲)의 해탈세계를 엿보게 된다. 큰스님의 가르침과 실천행은 원효·보조·서산으로 이어지는 한국불교의 전통이며 우리시대의 혼미를 밝혀줄 한 줄기 빛이다.

동리산 태안사의 개산조인 혜철국사의 사리탑 아래에는 금강선원이 자리잡고 있다. 선원의 건축을 자세히 보면 기둥의 길이가 각각 다른 것을 발견할 수 있다. 그것은 동리산의 기운이 청룡등을 타고 흘러 내려오는데 산의 기운을 최대한 살리기 위해 지반을 고르지 않고 기둥의 높낮이를 조절하여 선원을 건축한 까닭이라 한다.

또한 맞배집의 선원 건물 아래편으로 한 칸을 달아 내었는데 이는 흐르는 기운이 빠져 나가지 않게 붙잡아둔 건축양식이라고 한다.

조계산 송광사가 16국사를 배출하고 모범적인 수도도량으로 승보종찰의 영광을 차지하면서도 가난한 살림을 면하지 못하는 것은 산세와도 함수관계가 있다고 하였다. 조계산은 본시 좌청룡은 힘차게 뻗어내린 반면 우백호는 빈약한 편이다. 그런데 청룡등은 훌륭한 인물을 키워내고 백호등은 의식을 풍족하게 한다는 것이다.

그래서 송광사의 옛 스님들은 부족한 백호등의 기운을 보충하기 위해 백호등의 주요 터밭에 16국사의 부도를 봉안하여 맞은편의 제왕봉(帝王峰)과 모후산(母后山)의 기운을 받아들이게 하였다.

송광사의 말사인 천봉산 대원사(天鳳山大原寺)는 봉황이 알을 품고 있는 '봉소형국(鳳巢形局)'이다. 극락전 뒤의 문수봉이 봉황의 이마에 해당되고 양옆으로 펼쳐진 산자락이 두 손을 활짝 펴고 자식을 맞이하는 어머니의 넓은 가슴이다. 이곳은 풍수지리에서 얘기하는 명당이 갖춰야 할 요소를 완전히 갖춘 천연의 성지이다.

몇해 전 한국 천주교의 성지로 개발중인 경기도 광주 천진암을 방문한 적이 있었다. 기념관과 숙소, 대성당을 신축중인 공사현장을 보며 나의 팔목이 잘리는 듯한 아픔을 느끼며 돌아온 기억이 있다. 산세의 형국은 차치하고, 커다란 산봉우리 하나를 장비를 동원하여 통채로 헐어내는 참혹한 광경을 보면서 동·서양의 자연을 대하는 태도를 느낄 수 있었다. 신(神)의 성전을 짓는다며 신의 몸을 파괴하는 인간의 무지를 생각하였다.

한국의 고찰들은 한결같이 그 산의 지형과 완전한 조화를 이루며 그 산을 더욱 빛내는 역할을 해 왔다. 우리의 조상들은 자연과 인간이 둘이 아닌 하나의 생명으로 알았다. 우리 한옥의 공간구조는 자연과 인간이 하나로 호흡하는 조형물이다. 대자연은 바로 인간의 큰 몸이라는 생각이 풍수지리사상을 낳게 된다. 모든 인간이 어머니의 품에서 성장하듯이 대지는 모든 생명의 어머니이다. 좌청룡 우백호(左靑龍右白虎)와 배산임수(背山臨水)가 제대로 갖춰진 천연의 지형은 바로 어머니가 두 팔을 벌려 자식을 감싸안은 모양이다.

고향을 생각하고 어머니를 생각할 때 인간은 안온함을 느끼듯이 그러한 자연의 품에 안길 때 평안함을 얻게 된다. 번뇌의 인간이 침묵의 대자연 속에서 평안을 느끼듯이 내면의 공(空)을 체험하고 침묵의 공간을 간직한 선지식의 존재는 우리를 근원적인 평안으로 인도한다. 그래서 청정승보(淸淨僧寶)는 번뇌와 죄업으로 오염된 중생들에게는 최상의 복전(福田)이요, 으뜸가는 보배라고 부르는 것이다. 침묵의 공간을 성취한 선지식은 끝없는 자비의 파동으로 중생의 번뇌를 흡수하는 자석과 같은 역할을 해주기 때문이다.

2. 생명운동과 아미타신앙

현대문명의 비약적인 발전은 인간 생활의 편리함과 안락함을 제공했지만 그로 인한 자연파괴와 환경오염은 인간의 생명을 위협하고 있다. 보다 행복하고자 하는 인간의 노력은 경쟁의식과 갈등만을 심화시키고 있으며, 보다 잘 살고자 하는 인간의 노력은 인간을 자멸로 이끌어가고 있는 현실이다.

며칠 전 대원사를 찾아와서 불교에 대해서 알고 싶다는 학생들에게 이렇게 물었다.

"공장의 연기와 자동차의 매연으로 인해 대기가 고통받는 소리, 공장의 폐수로 인한 하천의 신음소리, 골프장 건설과 도시 주변의 아파트 건설로 인해 산중턱까지 피헤쳐진 산의 비명소리, 농약과 쓰레기의 범람으로 고통받는 대지의 신음소리를 들어본 적이 있습니까?"

묵묵히 있던 학생 중 하나가 간신히 말하였다.

"자연의 신음소리를 어떻게 하면 들을 수 있습니까?"

"인간이 사는 곳이면 어디서든지 들을 수 있지만 특히 도시의 큰 병원에 가면 자연의 신음소리를 구체적으로 들을 수 있지요. 대기오염으로 인한 폐병질환으로 앓는 사람들, 오염된 식품과 식수로 인한 갖가지 질병, 자연적 리듬의 파괴에서 오는 각종 정신질환, 이름도 알 수 없는 각종 공해병을 앓는 사람들의 고통이 바로 대기와 하천이 앓는 신음소리입니다.

우리 동양의 전통적인 가르침은 '하늘과 땅은 나와 더불어 한 뿌리이고, 온 누리는 나와 더불어 한 몸이다' 고 했습니다. 나의 큰 몸인 자연이 앓는데 인간 홀로 건강할 수는 없는 것이지요. 파괴되고 오염되는 자연은 자신의 아픔을 인간의 몸을 통하여 하소연하는 것입니다. 계곡에 쓰레기를 버리고 하천에 폐수를 방류하는 일은 바로 나의 위장에 쓰레기를 버리고 나의 혈관에 오염물질을 주입시키는 일임을 자각해야 합니다. 요즘 심각한 사회문제로 대두되는 환경오염과 과소비의 문제도 본질적인 문제의 자각과 인식 없이는 치유가 불가능한 것입니다.

　불교는 다른 것이 아니고 모든 생명은 자연환경과 더불어 끝없는 연결고리로 우주 끝까지 이어진 하나의 대생명체임을 깨닫게 하는 가르침입니다. 이같은 연기의 도리를 깨달을 때 나만 좋으면 된다는 이기심은 스스로를 파멸로 이끄는 자해행위임을 깨닫게 됩니다.

　이웃을 기쁘게 해줄 때 내 자신이 기뻐지고 이웃을 고통스럽게 하면 나 자신이 편안치 못함을 일깨워줍니다.

　불교는 불교가 아닙니다. 불교는 모든 생명이 깨우쳐 받들어야 할 생명의 진실입니다. 불교의 가르침에 눈떠갈 때 끝없는 이웃의 존재에 대한 자비심이 개발되고 우주에 가득한 부처님의 생명력에 감사하게 됩니다. 이 같은 우주의 대생명을 인격화하여 '아미타불'이라고 합니다. 나무아미타불은 모든 인간이 돌아가야 될 생명의 고향입니다."

　오늘의 시대야말로 부처님의 연기의 도리를 깨달아야 할 때이다. 오늘의 시대야말로 대승보살의 자비가 꽃피어나야 할 때이다. 오늘의 시대야말로 생명운동으로서의 아미타 신앙이 불꽃처럼 일어나야 할 때이다.

　실상(實相)에 있어서는 모두가 평등하며 대조화를 이루고 있는데도 모든 사람들은 이 진리를 알지 못해 대체로 눈앞에 나타난 현상만을 보고서 이것은 이득이고 저것은 손해다 등으로 제멋대로 계산하여 불선(不善)의 마음을 일으켜 갖가지

나쁜 행위를 저지르고서 그로 인해 온갖 고통을 받으며 영원토록 이 그릇된 경계로부터 빠져나오지 못하고 있는 것입니다.

　보살 여러분, 이것을 똑바로 밝혀서 알고 중생에 대해 큰 자비심을 일으켜 모든 사람들을 고통에서 완전히 건지겠노라고 굳게 서원하십시오. 그 목적을 달성하기 위해서는 보나 깊이 일체의 물질과 현상이 지니고 있는 참모습을 밝혀내는 수행을 하는 것이 매우 중요합니다.

　많은 사람들의 근기나 성질, 욕망의 형태도 똑바로 살펴보지 않으면 아니됩니다. 사람들의 근기도 성질도 욕망도 천차만별한 것이므로 그와 같은 사람들에게 펴는 가르침도 마땅히 천차만별하지 않으면 아니됩니다. 그러나 그 수많은 천차만별한 가르침도 근원적으로는 하나의 진실에서부터 나온 것이어야 합니다. 그 단 하나의 진실이란 일체의 차별이 없고〔無相〕차별을 짓지 않는 것입니다〔不相〕. 이와 같이 일체의 차별을 떠난 근본적인 실재야말로 모든 것을 존재케 하는 하나의 진리, 즉 법(法)이니 이것을 실상(實相)이라 이름하는 것입니다.

《무량의경》 설법품

하나의 달이 천강에 비추이듯

1. 새로운 아침

한국불교의 특성은 종파불교를 지양하고 불법의 근본을 밝혀 하나로 회통시키는 통불교(通佛敎)에 있다. 통불교의 전통을 수립한 한국불교의 대표적 인물을 세 분만 꼽는다면 신라의 원효(元曉), 고려의 보조(普照), 조선의 서산(西山)스님이다.

오늘의 한국불교를 바라보면 마치 한밤의 어둠이 물러가고 새벽의 여명을 맞이함과 같다. 신라의 원효를 통하여 불교가 이 땅에 토착화되고 불교의 새벽[元曉]이 시작되었다. 동녘에서 힘차게 솟아오른 태양이 고려에 와서 온 누리를 두루 비추니 불일보조(佛日普照)국사가 출현하였다. 조선에 넘어오니 불법의 태양도 서산(西山)에 이르고 그 장엄한 낙조는 마지막으로 기울어진 것이다.

조선후기의 쇠퇴기와, 일제의 암흑기, 근세의 혼란기를 지나 이제 한국불교는 새로운 아침을 맞이하고 있다.

2. 원효의 무애춤과 일본의 염불춤

이 땅에 수입된 불교가 원효에 의해서 토착화되었다고 하는 것은 이 나라 백성의 정서에 맞게 재구성되었다는 뜻이다.

자기의 겉모습이 아무리 달라져도 자기는 여전히 자기이듯이 지켜가야 할 본분을 지켜가면서 변화해 가는 상황에 능동적으로 대처하지 못하는 종교는 과거의 유물 이상을 기대하기는 어렵다.

"심원한 교리를 총명한 자는 곧 깨달을 수 있지만 일반민중은 그 뜻을 알기 어렵다. 대중을 위해서는 적은 말과 간략한 글이 필요하다. 근기가 둔한 사람에게는 하나의 게송을 외워 지녀 항상 생각하여 마침내 일체의 불법을 두루 알게 하는 것, 이를 여래의 선교방편(善巧方便)이라고 한다."

《금강삼매경론》을 통하여 이같이 설파한 원효는 '나무아미타불'의 육자염불로 천촌만락을 누비며 대중과 함께 노래하고 춤을 추며 불법의 공덕을 설법하였다.

이로부터 신라땅에는 불교를 모르는 사람이 없게 되었다. 특히 원효의 무애가(無碍歌)와 무애무(無碍舞)는 일본 정토시종(淨土時宗)의 염불춤의 원류가 되었다. 필자의 추측으로는 우리 전래의 민속춤인 강강술래 또한 원효대사로부터 전래된 공덕무(功德舞)가 아닌가 한다.

강강술래의 어원을 강강수월래(强羌水越來)라고 하여 바다 건너 오랑캐가 물 건너 왔다고 풀이하기도 하는데 그것은 속설에 불과하다.

이는 하늘의 둥근 달이 강강(江江), 즉 일천강에 와서 비추임[江江水月來]으로 봐야 한다.

조선시대 세종대왕은 왕비 소헌왕후가 죽자 그의 극락왕생을 빌기 위해 수양대군을 시켜 부처님의 일대기, 즉 〈석보상절〉을 짓게 한다. 〈석보상절〉을 읽어본 세종은 내용에 감탄하여 부처님의 공덕을 찬양하는 580여 수에 이르는 대서사시를 손수 쓰고 그 제목을 '월인천강지곡(月印千江之曲)'이라 하였다.

그것은 마치 천 백억의 중생세계 곳곳마다 부처님이 출현하여 중생들을 해탈로 인도함이 저 하늘의 둥근 달이 일천강에 비치어 옴과 같기 때문이다.

절에서 탑을 돌면서 하는 염불을 '탑돌이'라 하듯이 보름날 은은한 달빛 아래서 손에 손을 잡고 둥글게 돌면서 노래하는 강강술래를 '달춤' 혹은 '달돌이'라고 하였다.

둥글게 돈다는 것은 곧 윤무(輪舞)요, 윤무는 춤 가운데 가장 신바람을 빨리 유발하는 춤이다.

3. 우리 민족은 신바람 체질

선천적으로 우리 민족은 노래와 춤을 통하여 공동체의식을 발전시켜 왔다. 종교와 신앙도 이 나라에 들어와서 한국인의 신바람 체질과 절충되어 신명이 나는 의식으로 발전되었다.

신라, 고려시대의 사원들은 민중들의 축제 장소로도 크게 이용되었다.

근세에 한국불교가 시대적으로 낙후된 한 가지 원인은 우리 전래의 놀이문화를 주체적으로 발전시키지 못한 점을 지적하고 싶다. 특히 불교정화 이후, 북과 징가락의 염불행법을 대처승 염불로 치부하여 조계종에서 추방해버린 일은 우리 한국의 불교도들에게 크나큰 불행이 아닐 수 없다. 뜻 있는 스님들에 의해서 다시금 부활되어 염불속에 활기와 신명이 회복되어야 한다.

심원한 가르침과 명쾌한 설법, 금욕적 고행은 여전히 소중한 가치이다. 그러나 이 시대의 대중을 위해서는 노래와 춤과 예술

속에 불심을 담아 신명나는 불국토의 세계를 펼쳐내야 할 것이다. 노래와 염불로써 갖가지 고통과 번뇌, 죄업으로 얼룩진 우리 모두의 앙금들이 녹아내려야 한다.

번뇌와 죄악의 먹구름을 벗어나서 둥글고 밝은 자성의 보름달을 스스로 볼 수 있어야 한다.

손에 손을 잡고, 너와 나의 벽을 허물고 둥글게 둥글게 돌면서 우리 모두 하나가 되어보자. 저 하나의 달이 수많은 강에 비추이듯 한국불교의 빛나는 아침을 준비하는 주인공이 되어보자.

여기 부처님의 공덕을 기리며 손에 손을 잡고, 하나의 생명을 찬탄하는 노래와 춤이 있다. 바로 '강강수월래' 이다.

저허공에 달밝으면 강물마다 달그림자 강강수월래
중생마음 정화되면 부처마음 나타나네 강강수월래
밤하늘에 달밝은건 구름걷힌 까닭이요 강강수월래
이마음이 밝아진건 염불공부 덕분일세 강강수월래
달은비록 하나지만 일천강에 비추이듯 강강수월래
염불하는 중생마다 부처님이 함께하네 강강수월래
보름달이 둥근것은 초승달이 시작이요 강강수월래
천리먼길 도달함은 첫걸음이 시작일세 강강수월래
이산저산 흐르는물 한바다로 들어가고 강강수월래
천만선행 일체공덕 극락정토 향함일세 강강수월래
미타일념 돈독하여 일구월심 오래하면 강강수월래
사량분별 끊어지고 인아사상 무너지네 강강수월래
높은하늘 둥근달이 강물위에 비추지만 강강수월래

달이실로 온바없고 물도실로 간바없네 강강수월래
내마음이 산란해서 부처님을 못보다가 강강수월래
염불일념 뚜렷하니 부처달이 나타나네 강강수월래
만덕존상 아미타불 찰나간에 뵙게되고 강강수월래
십만억토 극락세계 마음속에 나타나네 강강수월래
마음밖에 극락없고 극락밖에 마음없네 강강수월래
내성품이 아미타불 내마음이 극락정토 강강수월래

보살의 길 가려면
부처님의 호흡법
닦아야

1. 날숨은 길게 들숨은 짧게

심원의마(心猿意馬)라는 선어(禪語)가 있다. 인간의 마음은 마치 한 마리 원숭이와 같고 사방으로 날뛰는 말과 같다는 것이다. 원숭이는 잠시도 한 나무에서 오래 머물러 있지 못하고 이 나무에서 저 나무로, 이 가지에서 저 가지로 옮겨다닌다.

방황하는 인간의 마음도 마찬가지이다. 마음은 항상 좀더 새로운 만족을 찾아 이동을 계속한다. 마음이 끝없이 방황하는 이유는 외부세계에서는 영원한 만족을 얻지 못하기 때문이다.

현대인들은 들판의 잡초보다 무성한 번뇌의 삶을 살고 있다. 번뇌가 많고 생각이 많은 중생들의 해탈을 위한 처방으로 부처님은 호흡의 관찰을 설법하셨다.

《불설대안반수의경(佛說大安般守意經)》은 호흡의 수행을 설한 경전이다. 중국에 불교가 전해진 후 가장 먼저 번역된 중요한 가르침이다. 경전은 호흡의 요령으로, '출장식입단식(出長息入短息)'을 강조한다. 즉, 내쉬는 숨은 길게 하고 들이쉬는 숨은 짧게 한다는 것이다. 이것이 호흡의 진수이며 산란심을 다스리는 최상의 무기이다.

먼저 호흡(呼吸)이란 두 글자에 주목하기 바란다. '호(呼)'는 숨내쉴 호이며 '흡(吸)'은 숨들이쉴 흡이다. 들이쉬고 내쉬는 호흡은 호흡의 정도가 아니다. 올바른 호흡은 길게 내쉬기만 하면 된다. 짧게 내쉬면 짧게 들어오고 깊게 내쉬면 깊게 들어오는 것이 숨의 법칙이고 우주의 법칙이다.

욕망의 충족과 소유를 통해서 행복을 추구하는 중생의 삶의 방식을 전환하기 위해서는 먼저 호흡의 방식을 전환하지 않으면 안 된다. 심리적인 압박이나 흥분상태에서 숨을 길게 내쉬면 마음이 가라앉는다. 담배를 피우는 사람들이 고민할 때에도 무의식적으로 담배 연기를 길게 내뿜는 것을 볼 수 있다.

생리학적 측면으로 보면 호흡은 인체의 자율신경계와 연결되어 있다. 들숨을 길게 하면 교감신경의 기능이 향상되어 흥분 반응을 일으키고 날숨에 주의를 두고 깊게 하면 부교감신경의 작용으로 심리적 안정을 얻게 된다.

올바른 호흡법의 실천을 통해서 우리는 보지 못한 것을 보게 되고 듣지 못한 것을 듣게 되고 깨닫지 못한 것을 깨닫게 된다.

경전은 말씀하신다.

비구들이여, 들숨날숨의 법칙을 수행하면 다섯 가지의 이익과 공덕을 얻을 것이다.

첫째, 자연히 청정한 계율을 지키며 조그마한 죄나 허물도 소홀히 하지 않게 된다.

둘째, 욕심이 줄어들어 일이 적어지고 잡무도 적게 할 수 있다.

셋째, 자기에게 알맞는 음식의 양을 알게 된다. 즉 식사의 중용을 얻게 되므로 음식을 보아도 탐내는 마음을 일으키지 않는다. 자기 분수에 맞게 노력하여 올바른 사유를 할 수가 있다.

넷째, 수면에 집착하는 생각을 일으키지 않으며 수면을 탐내지도 않는다.

다섯째, 한가한 곳에 있어도 마음이 산란해지지 않으며 갖가지 시끄러움을 벗어난다.

《잡아함경》제26권

　　감각적인 욕망에 탐착하는 인간의 의식은 관능의 집에 속박되어 있다.
　　호흡의 수행을 통해서 비로소 인간은 오욕락의 얽매임에서 자재를 얻을 수 있음을 부처님은 설파하고 계신다. 즉 호흡의 수행을 통해서 얻게 되는 다섯 가지의 공덕이란 이 오욕락에서 벗어난 몸과 마음의 안락을 말한다.
　　첫째는 성적인 환상과 욕망으로부터의 자재이다.
　　둘째는 물질적인 소유욕에서의 자재이다.
　　셋째는 음식에 대한 탐욕에서의 자재이다.
　　넷째는 수면욕에서의 자재이다.
　　다섯째는 명성과 명예에 대한 욕구에서의 자재이다.
　　호흡의 수행을 통해서 깊은 선정에 들면 드디어는 자비심을 성취하게 되고 미혹을 떠나 깨달음에 이르게 됨을 경전은 말씀하신다.
　　이 세상에는 두 가지 기쁨이 존재한다. 첫째는 감각기관의 만족을 통해서 얻어지는 기쁨이다. 세상에서 추구하는 기쁨과 행복은 모두 첫번째 기쁨에 해당된다. 좀더 좋은 음식, 좋은 환경, 쾌적하고 안락한 생활 등이 그것이다. 둘째는 감각기관의 정화를 통해서 얻어지는 기쁨이 있다. 그것은 바로 존재의 기쁨이며 영원한 행복의 길이다.
　　이제 구체적인 호흡의 수행을 실천해 보자.

2. 출장식입단식 호흡법

ㄱ. 조용한 시간과 장소를 택하여 주변을 정돈한다.

ㄴ. 손과 발을 닦고 양치질을 한다.

ㄷ. 전등을 끄고 촛불을 켠다(촛불은 정서적 안정을 주고 의식을 한 곳에 모아주는 역할을 한다).

ㄹ. 좌선의 자세로 단정히 앉는다(정확한 자세는 무엇보다 중요하다).

ㅁ. 허리띠를 느슨하게 한다(들숨이 아랫배에까지 도달할 수 있도록 한다).

ㅂ. 우리는 보통 1분에 18회 내외의 호흡을 한다. 출장식입단식의 호흡을 익히기 위해서는 1분에 3회 정도의 고요하고 긴 호흡이 필요하다. 촛불이 타면서 산소를 필요로 하듯 우리들이 생각할 때에도 산소를 필요로 한다.

목이 졸려 숨이 막힐 때 일체 생각이 단절되는 것은 그 때문이다. 내쉬는 숨을 길게 함으로 해서 생각의 흐름을 지켜볼 수 있다.

ㅅ. 천천히 숨을 내쉬면서 한 입의 기가 다할 때까지 '훔~' 하는 그윽한 저음을 호흡에 실어 내보낸다(훔~하는 소리의 진동을 타고 몸 안의 탁한 기운이 밖으로 빠져 나간다고 생각한다. 들숨을 아랫배까지 깊이 들이마시면 청정한 우주의 기운이 온몸에 충만해짐을 느낀다).

바른 자세로 출장식입단식의 호흡법을 하루 10분씩만이라도 수련해 보기를 권한다. 정좌하고 내쉬는 숨에 의식을 모으면 몸과 마음의 피로와 권태가 없어지고 단전의 기운이 충실해진다. 또한 당당한 몸의 자세가 확립되어 불안감이 사라지고 창의적 삶의 의지가 생겨나게 될 것이다.

3. 옴마니반메훔 명상호흡

ㄱ. 출장식입단식 호흡법의 ㄱ~ㅂ까지는 동일하다(귀한 손님을 맞이할 때 집 안팎을 청소하고 몸을 닦고 새옷을 입고 주변을 정돈하고 대접할 음식을 준비하듯 명상이나 기도에 들기 전에는 부처님을 맞이하는 지극한 공경심이 선행되어야 한다).

ㄴ. 숨을 길게 들이쉬면서 '옴~', 천천히 내쉬면서 '마니반메훔'을 반복한다.

자신의 호흡에 맞추어 옴마니반메훔을 염하게 되면 자신이 바로 옴마니반메훔이요, 옴마니반메훔이 바로 자신임을 깨닫게 된다.

번뇌가 소멸되고
몸이 사라지고
그리고 당신은 보게 될 것이다
옴·마·니·반·메·훔

근심걱정 벗어나서
감로(甘露)를 맛보라

1. '나'란 과거 기억의 보따리

사람들은 저마다 가지가지의 근심걱정을 안고 세상을 살아간다.

미국 모대학의 심리학과 교수는 사람들의 근심걱정의 내용을 조사해서 분류해 놓은 논문을 써서 관심을 끌었다. 그 논문에 따르면 많은 사람들의 근심중에 30%는 이미 지나가버린 과거의 일이라고 한다. 지금 후회하고 안타까워한다고 해서 아무 소용도 없는 지나간 일들, 그리고 근심걱정의 태반을 차지하는 것이 아직 존재하지도 않는 미래의 일이라는 것이다(40%).

거기다 20%는 자기 일이 아닌 남의 일. 이웃들에게 관심과 사랑을 갖는 것은 좋은 일이다. 그러나 시비와 질투의 마음은 자신의 마음을 황폐하게 한다.

근심걱정의 10%는 병과 건강문제인데 아직 있지도 않은 병을 걱정하고 있다.

할 일 없는 사람이 남의 근심걱정까지 조사했다고 할 지 모르지만, 이러한 생각의 속성을 통해서 우리는 명상의 근본을 통찰하게 된다. 즉, 생각은 과거와 미래로 구성되어 있고 과거의 기억을 통해서 미래의 공상으로 발전해간다. 그리고 사람들이 내세우는 '나'라고 하는 실체의 내용을 분석해보면 과거 기억의 보따리에 지나지 않는다는 것이다.

사람들이 '나'라고 하는 실체는 어떤 고정불변의 존재가 있어서 오늘의 나를 이끌어 온 것이 아니라 태어나서 보고 듣고 교육받은 결과에 의해서 '오늘의 나'가 형성되어 있는 것이다.

사람은 자기가 경험한 바로부터 자신의 신념을 만들어내는 것이 아니라 자기가 믿는 바로부터 자신의 경험을 지어내는 것이다.

인간을 '생각하는 갈대'라고 했지만 생각 속에서 만나는 신은 자기 관념이 만들어낸 허구의 신이다. 인간의 생각 속에 존재하는 부처님 또한 지극히 관념적일 수밖에 없다. 생각과 욕망을 넘어 존재하는 무한한 연기의 세계를 통찰하지 못하고서는 부처님의 깨달음은 나의 것이 될 수 없다.

불교수행의 근본은 생각을 깊게 하는 것이 아니라 생각과 욕망의 세계를 넘어서 궁극의 실상을 통찰하는 일이다.

과거의 기억과 미래의 공상에 빠져들지 않고 지금 나의 존재를 각성하는 방편이 바로 화두이고 염불이며, 주력이고 오체투지의 예배이다. 그러나 눈밝은 스승의 지도가 따르지 않으면 화두와 염불 또한 자기관념에 떨어지게 된다.

부처님은 과거의 기억과 미래의 공상에서 벗어나는 최상의 방편으로 호흡의 관찰을 설법하신다. 호흡은 '지금, 여기'에서 일어나는 내몸의 현상이기 때문이다.

2. 부처님의 아들 라훌라 존자

깨달음을 성취한 부처님은 그의 왕국에 돌아와 설법하신다. 그때 11살된 아들 라훌라는 부처님께 인사드리고 유산을 물려달라고 한다.

부처님은 빙그레 웃으시며 아들 라훌라의 머리를 깎아 출가시킨다. 그리고 수행의 진수를 가만히 일러준다.

"라훌라야, 들이쉬고 내쉬는 숨을 관찰하거라. 이 법을 수행하면 모든 근심과 걱정에서 벗어날 수 있을 것이다. 라훌라야, 현상은 모두가 무상한 것이다. 또 그 현상을 인정하여 갖가지로 생각하고 번민하는 마음의 활동도 무상한 것이다. 이를 잘 관찰해 보아야 한다."

부처님의 설법을 들은 라훌라는 들숨날숨의 법칙을 보다 구체적으로 실행할 수 있는 길을 여쭌다.

불자(佛子)란 부처님의 아들이라는 뜻이다. 라훌라 존자는 미래의 불자들을 대신해서 근심과 걱정에서 벗어나고 중생의 마음을 정화하고 열반에 이르는 길을 부처님께 여쭈었던 것이다.

여기에 부처님의 설법이 이어진다.

"라훌라야, 우선 몸을 바로하고 뜻을 똑바로 세워 앉아라. 숨이 들락날락할 때마다 언제나 긴 숨은 긴 숨인 줄 알고 짧은 숨은 짧은 숨이라 알고 따뜻한 숨은 따뜻한 숨인 줄 알아서, 몸 속에 널리 퍼지고 있는 숨의 기운을 분명히 느껴야 한다. 이와 같이 실행하면 근심이나 번뇌가 없어져서 큰 수확이 있을 것이며 부처의 생명, 감로(甘露)의 맛을 느낄 수 있을 것이다."

부처님의 아들 라훌라는 부처님의 가르침을 받아 일념으로 수행하여 깊은 선정에 들어갈 수 있었으며 마침내 깨달음을 얻게 되었다.

그렇게 하여 부처님의 유산은 그의 아들 라훌라 존자에게 비로소 상속되었다. 부처님의 깨달음을 상속받은 라훌라 존자처럼 우리 불자들도 부처님의 유산을 상속받기 위해 정진의 고삐를 늦추면 안 된다.

3. 산란심을 다스리는 염불호흡법

유치원생들이 행진할 때 선생님이 "하나 둘" 하면 학생들이 "셋 넷"하고 행진하는 모습을 볼 수 있다.

또 달리기 선수가 달릴 때 "하나 둘" 하며 숨을 내쉬고 "셋 넷" 하며 숨을 마신다. 발걸음과 호흡이 일치할 때는 피로가 많이 덜어지고 기세가 상승한다.

해인사의 한 스님은 하루 5000배씩 기도 200일 정진으로 100만배 기도를 성취하였다. 그 스님 말씀이, 절을 오래오래 하게 되니 한 호흡에 절 한 번이 자기도 모르게 이뤄지게 되는데 그러자 피로도 모르고 시간도 잊고 환희심의 눈물만 흘렸다고 한다.

또 대비주(천수경의 신묘장구대다라니)를 수행하는 한 불자는 말한다. 처음 대비주를 외울 때는 한 편에 1분 정도 걸리지만 오래오래 하다보면 한 호흡에 한 편씩 된다면서 그때는 입으로 외는 것이 아니라 필름처럼 한 눈에 지나간다고 한다. 또 지리산의 한 스님은 한 호흡에 대비주를 두 편씩 하는데 눈에 빛이 나서 어두운 밤길을 전등 없이 다닐 수 있었다고 한다.

호흡과 마음은 하나의 채널이다.

호흡과 함께할 때 내 자신을 호흡과 함께 멈출 수 있다. 이때 환희에 가득찬 빛을 볼 것이다. 이것은 인간 자아의식의 멈춤이며 우주 혼돈의 멈춤이다. 이 때 자신의 참 성품, 진여를 보고 우주 속의 자신을 본다.

아미타불 명상호흡, 첫째

ㄱ. 좌선의 자세로 앉는다.

ㄴ. 달리기 선수가 "하나 둘" 하며 숨을 내쉬듯이 "아·미"에 맞추어 이 단으로 숨을 내쉰다. 다시 "타·불"에 맞추어 이 단계 호흡으로 들이쉰다.

ㄷ. 아미타불의 명호에 맞추어 이 단계 호흡을 계속한다.

산란심을 다스리는 데 가장 효과적인 호흡법이다. 보통의 호흡보다 아랫배 깊이 숨이 들어오는 것을 느낄 수 있다. 이 단 호흡을 행할 때 온몸에 충만해지는 기력을 느끼게 된다.

아미타불 명상호흡, 둘째

ㄱ. 고요히 정좌한다.

ㄴ. 자연호흡의 날숨과 들숨에 맞추어 마음속으로 '아미타불'을 염한다.

ㄷ. 숨을 내쉴 때 자기의 전 신경을 내쉬는 숨에 집중하여 "아" 하고, 들이쉬는 숨에 의식을 모아 "미", 다시 날숨 "타", 들숨 "불"의 요령으로 한다.

들이쉬고 내쉬는 호흡과 주시하는 의식이 순일하게 이어질 때 몸과 마음은 고요해진다. 그 때 호흡은 자연스럽게 깊고 가늘고 길고 고르게 된다.

몸과 마음이 고요해지면 기쁨이 샘솟게 되는데 그것은 인간 존재의 본질이 기쁨이요, 빛이요, 불생불멸하는 영원의 생명이기 때문이다. 점점 미세해지는 호흡과 주시하는 의식이 일체가 되는 순간 그 때 몸과 마음은 사라진다. 내가 숨쉬는 게 아니라 우주가 나를 숨쉬게 된다. 나 한 사람이 선정에 들 때 우주적인 선정이 이루어진다.

지장이여! 지장이여!
어머니의 눈물이여!

1. 죄업 중생의 어머니, 지장보살

티베트불교에는 수많은 불보살과 수호신장들이 신앙과 명상의 주제로 신앙되고 있다. 그 중 가장 대표적인 명상 주제는 관세음보살 · 문수보살 · 금강력사 · 금강살타 · 따라보살(多羅 Tara) 등이다. 이들은 각각 자비 · 지혜 · 힘 · 청정함 · 깨달음의 작용을 상징한다.

티베트불교에 전승되는 다양한 명상법들의 근본은 번뇌와 죄악에 오염된 인간 조건과 청정한 불보살의 세계와의 관계 정립을 통해 그들이 지니고 있는 영적 특성을 흡수해 가면서 자기 자신의 더러움을 제거하여 완성의 상태에 이르고자 하는 것이다.

먼저 자기의 눈앞에 불보살의 형상을 분명하게 영상화한 다음 그에 대해 찬탄과 기도를 올리며 해당 만트라(Mantra, 眞言)를 암송한다. 마지막으로 불보살의 형상이 빛으로 해체되어 자신의 정수리와 목과 가슴으로 녹아 들어와 육체와 구업(口業), 마음의 어둠이 물러가고 청정해졌음을 관상한다. 이는 명상자 자신의 마음 속에 이미 잠재해 있는 정신적 능력을 구현하는 일이기도 하다.

명상의 대상 중 따라보살은 자비의 극치를 보여주는 사랑의 화신이다. 건강한 자식보다 병든 자식을 어머니는 더욱 깊이 생각하고 슬픔의 눈물을 흘리는 법이다.

기쁨과 행복을 추구하면서 또 다른 슬픔과 고통을 만들어 내는 중생의 삶을 바라보며 자비의 어머니 관세음보살은 눈물을 흘린다. 한 줄기 빛을 등지고 욕정과 번뇌로 고통받는 중생의 삶을 슬퍼하며 흘러내린 관세음보살의 눈물속에서 푸른색과 흰색의 아름다운 한 송이 꽃이 피어나니 바로 따라보살이다.
　언어학적으로 볼 때 우리말의 '딸'은 따라보살과 어떤 연관이 있지 않을까? 따라보살이 관세음보살의 눈물의 화신이라면 이 세상의 모든 딸들은 어머니의 눈물의 화신이기 때문이다.
　여기 어머니에게 바치는 딸의 노래가 있다.

어머니 그리워지는 나이가 되면
저도 이미 어머니가 되어 있다
우리들이 항상 무엇을
없음에 절실할 때에야
그 참 모습 알게 되듯이

어머니가 혼자만 아시던 슬픔
그 무게며 빛깔이며 마음까지
이제 비로소
선연히 가슴에 차오르는 것을
넘쳐서 흐르는 것을

가장 좋은 기쁨도
자기를 위해서는 쓰지 않으려는
따신 햇볕 한 오라기
자기 몸에는 걸치지 않으려는
어머니 그 옛적 마음을

저도 이미
어머니가 된 여자는 알고 있나니
저도 또한 속 깊이
그 어머니를 감추고 있나니……
  이성부, 〈어머니가 된 여자는 알고 있나니〉

이 세상의 모든 딸들이 이미 그 속에 어머니를 잉태하고 있듯이 죄업 중생의 가장 깊숙한 곳에 구원의 빛으로 지장보살이 존재함을 감사해야 한다. 병든 자식을 더욱 생각함이 어머니의 사랑이라면 한 사람의 죄인도 버려둘 수 없는 것이 지장보살의 크신 서원이다.

따라보살이 관세음보살의 눈물에서 탄생되었듯이 지장보살은 아미타불의 눈물에서 피어난 한 떨기 꽃이다.

아미타불은 극락의 기쁨에만 안주하는 분이 아니다. 죄업의 까르마로 고통받는 지옥중생들의 고통을 보며 눈물 흘리는 부처님이시다.

아미타부처님의 눈물에서 피어난 한 떨기 꽃이여!
대원 본존 지장보살이로다
彌陀落淚一枝花
大願本尊地藏菩薩

지장보살은 지옥의 중생을 한 사람도 남김 없이 극락으로 인도하고자 하는 아미타불의 눈물과 원력의 화신이다.

지옥불공(地獄不空)
서불성불(誓不成佛)

지옥이 텅비기 전에는 결코 성불하지 않겠다고 서원한 지장보살의 신앙은 대승불교가 피워낸 가장 아름답고 향기로운 꽃이다. 정토를 염원하는 불자라면 지장의 서원을 나의 서원으로 승화시켜 노래해야 할 것이다.

고통받는 이웃이 존재하는 한
나는 나의 욕정에 탐착하지 않으리라
슬퍼하는 이웃이 존재하는 한
나는 나의 기쁨을 추구하지 않으리라
불행한 이웃이 존재하는 한
나는 나의 행복에 안주하지 않으리라
속박받는 이웃이 존재하는 한
나는 나 혼자만의 해탈을 구하지 않으리라

모든 종교에서 극락과 천국을 희구하지만 그 또한 인간의 이기심이 빚어낸 욕망의 다른 형태에 불과한 것이다. 신앙과 수행의 본질은 이기적인 자아의 껍질을 깨뜨리는 일이다. 기도와 수행은 사실 중요한 일이 아니다. 기도하고 수행하고자 하는 마음의 동기가 올바르지 않으면 돌덩이를 안고 물속에 뛰어드는 것과 같다고 하였다.

지옥에서 고통받는 중생의 생명과 나의 생명이 둘 아님을 자각한 염불행자라면 지장보살의 서원을 나의 서원으로 간직하지 않을 수가 없다.

이 세상의 인간은 애욕의 강에서 태어나 욕망의 늪에서 허우적거리다 죽어간다. 고통을 외면하고 욕망과 행복을 추구하는 중생의 삶은 끝없는 번뇌의 질곡에서 헤어날 길이 없다.

그러나 여기 억겁을 두고 쌓아 온 중생의 죄업을 정화하고 욕망의 뿌리를 파헤쳐 사랑의 씨앗을 뿌릴 기름진 대지가 있다. 바로 지장보살의 거룩한 서원을 마음에 새기고 지장보살의 눈물 한 방울을 심장 한가운데 간직하는 일이다.

이기적인 탐욕과 원한 그리고 예측할 수 없는 죽음의 공포를 안고 살아가는 현 세대에서 마음의 해탈과 이웃의 행복을 기원하고자 하는 사람은 지옥의 어머니 지장보살을 지극한 마음으로 부르지 않으면 안 된다.

2. 지장보살 염불명상법

ㄱ. 먼저 나를 위해 기도하는 어머니의 눈물을 생각한다(사랑하는 사람이 나를 위해 흘린 눈물을 생각해도 좋다).

ㄴ. 한 방울 눈물을 영롱한 수정처럼 관상하여 자신의 심장 한가운데 둔다.

ㄷ. 두 손을 모아 합장하고 심장 한가운데 눈물 한 방울을 관하면서 지극한 마음으로 지장보살을 부른다.

지옥의 어머니 지장보살의 마음이 깊이깊이 느껴져 올 때 인간의 애욕과 욕망의 세포가 정화된다. 어머니의 한 방울 눈물이 점점 커져서 우리의 몸과 마음이 한 방울 눈물 속에 용해될 때 마음의 상처가 녹아지고 당신은 또 듣게 되리라. 내가 지장보살을 부르는 간절함 이상으로 지장보살이 애타게 나를 부르는 소리를 ……

그리고 한 줄기 눈물이 흘러내리리라.

아! 죄업 중생의 어머니
지장보살, 지장보살, 지장보살이시여
한 방울의 눈물로써 모진 죄업 씻어주고
한 방울의 눈물 속에 아픈 상처 스러지네
지장보살 멸정업진언
옴 바라 마리다니 사바하

남이 없는 마음, 지장의 마음

1. 이기심은 자해행위

　모든 인간은 고통을 싫어하고 행복을 추구한다. 그러나 사람들의 삶을 관찰해보면 번뇌와 고통을 가져오는 일에는 즐거이 탐착하면서 기쁨과 행복을 만들어주는 일은 등한시하고 있다.
　왜 사람들은 평화를 원하면서 불안과 고통 속에서 살아가는 것일까? 많고 많은 이유가 있겠지만 가장 근본적인 이유는 오직 하나의 진실을 알지 못하기 때문이다.
　자타일체(自他一體). 나와 남이 둘 아님을 알지 못하기 때문이다. 인간의 갖가지 죄악과 번뇌의 원천 또한 자타일체를 깨닫지 못한 무지의 구름 속에 살고 있기 때문이다.
　불도를 수행해서 궁극적으로 깨달아야 할 것은 오직 하나의 진실 '자타일체'이다. 상대방을 나와 나누어진 남으로 생각하는 착각이 바로 죄악이며 대립과 번뇌를 불러 일으킨다. 나만 좋으면, 내 자식만 잘 되면 된다고 하는 사고방식이 우리를 고통과 불행으로 몰고가는 원인임을 알아차려야 한다. 자타일체를 깨달은 마음이 바로 부처님의 마음이며 관음의 대자비이며 지장의 대서원이다.
　인간의 모든 고통과 불행은 무명이 근본이다. 생명의 진실, 자타일체를 알지 못한 무지의 구름 때문이다. 그래서 우리들이 받는 고통과 불행은 사실 아침안개와 같은 것이다. 태양이 떠오르면 아침안개가 사라지듯 자타일체를 깨달으면 고통과 불행은 아침안개처럼 소멸되는 것이다.
　이제 한국불교의 보살들은 자기 자식의 문제에만 집착하여 한숨 쉬거나 우쭐대지 말아야 한다. 자기 자식보다 더욱 불행한 청소년들을 찾아 자비의 손길을 베풀어야 한다. 자기의 부모님이 계시지 않는다면 외로운 노인들을 찾아 친구가 되어 주어야 한다.
　다른 이의 자녀를 내 자녀처럼 생각할 때 내 자식이 바로되고 외로운 노인들을 잘 섬길 때 내 조상들이 천도되는 것이다. 나와 내 자식이 둘이 아니듯 내 자식과 남의 자식 또한 둘이 아닌 까닭이다.

　　이웃을 위하는 마음 이웃으로부터 축복받고
　　이웃을 무시하는 마음 세상으로부터 외면당하리
　　이웃들을 공경하지 않으면 쉬지 않고 염불한들 무엇하리
　　이웃들을 사랑하지 않으면 오랜 세월 좌선한들 무엇하리

　보살은 자기의 죄업만 참회하는 것이 아니라, 이 시대 모든 인간들이 저지른 죄악도 대신 참회해야 한다.
　또한 보살은 세상의 여덟 가지 바람[世事八風]에 가볍게 움직여서는 안 된다. 여덟 가지 바람이란 이익, 손해, 칭찬, 비방, 치욕, 명예, 고통, 쾌락이다.
　중생의 삶은 눈앞의 이익에 민첩하게 움직이지만 보살은 이타심으로 민첩하게 움직인다. 그리하여 한국불교의 보살들은 개인적인 욕망과 감정을 초월하여 지장의 대서원을 나의 서원으로 하여 그 생각과 말과 행동을 이끌어가야 한다.
　가슴 속에 지장의 서원을 간직하고 지장보살을 오래오래 염불하면 남[他]이 없는 지장의 마음을 깨닫게 되리라. 가슴 속에 지장의 서원을 간직하고 지장보살을 오래오래 염불하면 남〔生〕이 없는 선(禪)의 마음을 깨닫게 되리라.

2. 상투 속의 지장보살

지장보살 영험록에 전하는 이야기이다.

중국 당나라에 지장신앙이 지극한 건갈이라는 거사가 있었다. 그는 한시도 지장보살을 염불하는 마음을 잃어버리지 않기 위해 향나무로 세 치되는 지장상을 조각하여 이마 위의 상투 속에 받들어 모셨다. 앉아 있을 때나 걸을 때나 가장 경건한 마음으로 이마 위의 지장보살을 생각하며 지장보살을 염불하였다.

우리 불자들이 보행염불을 행할 적에는 건갈의 염불법을 받들어 행해야 한다.

지장보살 보행염불법

ㄱ. 먼저 걸음을 걷기 전 단정히 서서 이마 위에 모셔진 지장보살을 관하고 두 손 모아 합장한다(보행염불은 탑을 돌거나 부처님을 돌 적에, 혹은 보행중의 기도방법이다. 방향은 시계바늘 방향으로 돈다).

ㄴ. 물동이를 이마 위에 이고 걷듯이 몸의 중심을 잃지 말고 최대한 천천히 한 걸음씩 내디디며 지장보살을 염불한다.

ㄷ. 걷는 모습은 호시우행(虎視牛行)이 되어야 한다. 호랑이처럼 내다보고 소처럼 걷는다는 뜻이다.

시선은 자기의 코 끝을 응시하고 걸음은 일자걸음으로 한 걸음씩 내딛는다. 보행염불을 통해 흔들리지 않는 믿음을 성취한다.

《반주삼매경》에 보면 재가불자들을 향한 가르침이 있다. 그중 팔관재일을 잘 지켜서 마음의 모든 욕심을 없애고 청정한 계율을 받아 지키며 염불삼매 닦기를 권하고 있다.

경전은 말씀하신다.

보보(步步) 성성(聲聲) 념념(念念)
유재 아미타불(唯在阿彌陀佛)
걸음걸음 아미타불
생각생각 아미타불
소리소리 아미타불

7일7야(七日七夜), 7일간을 밤낮으로 자지 않고, 눕지 않고, 앉지 않고 오직 부처님을 돌면서 아미타불만을 염불한다. 하루 한 끼 먹고 매일 목욕 후 속옷 갈아입고 지극한 마음으로 아미타불을 염불하면 1주일 안에 아미타 부처님이 자기 눈앞에 계신 것을 보게 된다고 하였다.

또한 염불삼매를 얻는 요건으로 스스로 교만해지려는 생각과 태도를 엄격히 경계하고 말다툼을 하지 말아야 한다고 하고 있다. 불자들이 부처님께 올리는 최대의 공양은 꽃과 향, 돈이 아니라 우리의 삶 자체여야 함을 경전은 말씀한다.

우리의 생각과 언어와 행동이 부처님을 그리는 간절함으로 일주일만 지속된다면 부처님이 눈앞에 계심을 직접 체험하게 된다.

지장보살 일식십념염불(一息十念念佛)

지장보살 염불호흡법을 쫓기듯 바쁘게 살아가는 현대인들을 위해서 특별히 소개한다. 하루 24시간 중에 5분간만 고요히 마음을 모으면 된다.

하루 5분간의 수식염불로 마음의 방황을 멈출 수 있다면 그 얼마나 복된 일인가?

ㄱ. 먼저 자세를 가다듬고 심호흡을 세 번 한다.
ㄴ. 한 번 숨을 들이마신 다음 천천히 내쉬면서 지장보살을 10번 부른다.
ㄷ. 이같은 방법으로 10회 반복한다.

이것은 경전의 가르침에 근거하여 신라 원효대사가 아무리 극악 죄인이라도 임종시에 10번만 염불하면 정토에 왕생한다는 가르침에 따른 것이다.

고인의 연구 결과에 따르면 십념이란 곧 한 호흡에 10번 염불하는 것을 10회 반복하는 것으로 매일밤 잠들기 전 5분간 실행하는 염불법이다. 잠은 매일매일 일어나는 죽음이며 깨어남은 새로운 탄생이기 때문이다.
 좌정하여 염불을 마치면 다음의 자비축원문을 암송하고 기도를 마친다.

  강물이 흘러서 바다에 이르듯
  기운달이 차서 둥근달이 되듯
  이와 같은 수행의 공덕으로
  나와 더불어 모든 이웃들이
  원한과 고통 불안에서 벗어나
  기쁨과 행복 누리기를 기원합니다

티베트불교 기본명상법

1. 달라이 라마의 가르침

1950년 중공의 티베트 침략은 20세기의 인류가 저지른 최악의 비극중 하나이다. 지난 30년 간 중공 당국은 티베트 종족과 티베트 문화 말살정책을 실시하여 티베트 전역의 6천 개가 넘는 대소사찰을 16개만 남겨두고 철저하게 파괴하였다.

불교승려들은 무참히 죽임을 당하거나 투옥되었다. 수많은 불상과 탱화, 경전들은 골동품으로 매각되거나 불태워졌다. 6백만 티베트 인구 중 1백 30만에 달하는 티베트인이 대학살과 굶주림, 고문과 자살로 목숨을 잃었다.

그러나 티베트의 정신은 더욱 뜨겁게 불타올라 티베트라는 지역적 한계를 초월하여 오늘날 세계 인류의 가슴속에 대승불교의 씨앗을 싹틔우고 있다. 그 옛날 로마의 박해를 통해서 기독교가 세계화되었듯이 중공의 티베트 침략은 티베트불교의 세계화를 촉진하고 있다.

중공 당국에 의해서 수많은 승려와 불자들이 투옥되었고 강제노동과 혹독한 고문, 협박과 회유가 행해졌다. 티베트인들에게 존경받는 고승들을 끓는 콜타르를 머리에 들이부어 죽이기도 하고 불에 달군 쇠꼬챙이로 손바닥에 구멍을 뚫기도 하였다. 사형장으로 끌려가는 승려들의 입에는 재갈을 물려 "달라이 라마 만세"를 부르지 못하게 하였다.

중공이 티베트인들에게 요구하는 것은 간단하다. 불교를 버리고 달라이 라마를 배반하면 된다. 그리고 공산당의 이념을 받아들이면 된다. 그 증거로 불교 경전과 달라이 라마 사진을 발로 한 번만 짓밟으면 된다. 그러나 그들은 모진 고문과 죽음 앞에서도 불법과 달라이 라마에 대한 신앙을 버리지 않았다.

모진 고문과 박해속의 20년 감옥생활을 견뎌온 사람이 수없이 많다. 티베트의 불교도들에게 목숨보다 소중한 믿음은 어디에서 연유하는가? 그들은 불법을 떠난 인간의 삶을 상상조차 할 수 없었기 때문이다. 그들에게는 육도윤회와 삼세인과에 대한 투철한 신앙이 있기 때문이다. 그들은 그들의 고승(린포체 : 전생이 확인된 고승)들과 달라이 라마가 육도윤회의 중생세계에 자비의 원력으로 출현하신 불보살의 화현임을 의심하지 않기 때문이다.

달라이 라마는 말한다.

"나의 종교적 실천은 보살의 이상을 추구하는 것입니다. 보살은 불도를 닦는 사람으로 모든 중생을 고통에서 해방시키려고 그 자신을 헌신합니다. 보살은 궁극적 실재의 불성에 대한 지혜로 중생의 고통을 건져주기 위해 무한한 자비를 일으킨 사람입니다. 나는 이같은 보살의 이상을 실현하고자 불교승려가 되었습니다."

여기 그의 서원을 알게 해주는 기도문 한 구절이 있다.

이 우주가 다하고 중생의 세계가 다할 때까지
중생의 고통을 없애는 자로 남아지이다

티베트불교의 핵심을 한 마디로 설명해 달라는 어느 기자의 질문에 즉각 "친절"이라고 답변하는 달라이 라마. 그는 이어 "지금 가장 가까이 있는 사람에게 따뜻한 마음과 친절을 베푸십시오. 나는 사람들을 만날 때면 내가 할 수 있는 한 어떻게든 상대방을 돕고자 하며 가능한 한 그들한테서 무엇이라도 배우려고 합니다. 이타심 즉 자비심을 발하기 위해 나는 적을 포함한 모든 중생을 향해 애정을 갖게끔 하는 모종의 정신적 수행을 실천하고 있습니다"
라고 말하였다.

사람들은 상대방을 통하여 도움과 사랑을 받고자 한다. 또 많은 대중들에게 관심과 인기를 얻으려고 한다. 그것은 자기 내면의 허전함과 외로움 때문이다.

보살은 도움받고자 하는 중생의 마음을 살펴 도움을 주고자 그 마음을 움직인다. 우리 불자들은 매일 아침 세수를 하고 거울을 보며 자기의 얼굴을 들여다 보듯이 경전의 말씀과 성인의 가르침을 통하여 자신의 마음과 행실을 돌이켜 보아야 하리라.

2. 성산(聖山), 카일라스

우리 민족의 영산 백두산이 있듯 티베트와 인도인들에게 최고의 성산은 히말라야의 비경 카일라스이다. 성산 카일라스는 현자들에 의해서 지구 에너지의 중심축이며 우주의식과 합일되는 일곱번째의 에너지 센터로 신성시되고 있다. 불교도와 힌두교도들은 이 산을 우주의 중심으로 생각하여 '수메루(Sumeru)', 즉 수미산이라고 불렀다.

불교도들에게 카일라스의 정상에는 인간 의식을 초월한 보이지 않는 사원이 있고 그곳이 선정불(禪定佛, Dhyani Buddha)의 성소라고 알려졌다. 힌두교도들에게는 시바신의 보좌로 경배되었다.

인간의 육신 또한 소우주이다. 우리 몸의 신경계에서 수미산에 해당되는 부분은 척추이다. 수미산이 33천의 세계로 장엄되어 있듯이 인간의 척추 또한 33개의 관절로 구성되어 있다.

척추에 잠들어 있는 일곱 개의 에너지 센터를 각성시켜 최고의 의식중추인 사하스라라 차크라가 꽃피어 날 때 지고의 축복 만다라 세계를 경험하게 된다고 알려져 있다.

성산 카일라스의 입구에는 두 개의 커다란 호수가 있는데, '마나사로바 호수'와 '라카스탈 호수'가 바로 그것이다. 전자는 둥근 태양의 모습으로 빛(양)의 힘을 대표하며 후자는 초승달의 모양으로 밤(음)의 힘을 대표한다.

여기서 태양과 달은 두 개의 에너지 흐름 '이다'와 '핑갈라' 이다. 이 두 에너지는 척추를 중심에 두고 오른쪽과 왼쪽을 교차하면서 정수리에 이르러 최종적으로 하나가 된다.

성산 카일라스는 바로 지구의 척추이며 영적 우주의 중심축이다. 티베트에 전승되는 부처님의 탄생설화에 따르면 호명보살은 도솔천에서 성산 카일라스를 통하여 지구로 내려왔다고 한다. 부처님의 어머니 마야부인은 6개의 상아를 가진 흰 코끼리가 옆구리로 들어오는 태몽을 갖기 이전, 수호신들에 이끌려 성스러운 호수에 목욕하여 인간의 몸과 마음을 정화한다. 그 호수가 바로 마나사로바 호수이다. 티베트의 불교도들은 이같은 믿음으로 카일라스를 불교의 시작으로 경배하며 최고의 성지로 순례하고 있다.

성산 카일라스를 한 바퀴 돌면 55Km이다. 걸어서 3일 걸리는 코스를 티베트 불자들은 전신투지의 예배법으로 자벌레 기어가듯 순례하여 20~30일 만에 성산 한 바퀴를 순례한다. 이렇게 1번 순례하면 금생의 죄가 소멸되고, 3번 순례하면 삼생의 죄가 소멸되고, 108번 순례하면 일체 업장이 소멸되어 성불한다고 한다.

남인도에 사는 한 수행자는 평생을 앉지도 눕지도 않고 서서 수행하는데 카일라스 성산순례를 발원하고 도보도 아닌 왼쪽 한 발만을 사용, 12년만에 성산에 도착하였다고 한다.

그리고 사천성에 사는 한 티베트 불자는 집에서부터 전신투지로 성산순례를 시작하였는데 카일라스에 도착하고 보니 30년이 지났다고 한다. 인간의 한평생을 단 한 번의 성지순례에 바친 셈이다.

하루에도 수백, 수천 번씩 변화하는 마음의 흐름을 바라보며 살아가는 현대인들에게 30년 동안 성지를 향한 일편단심으로 자기의 몸을 내던지는 순례자의 삶은 우리의 의식을 감각의 차원을 넘어선 영원의 세계로 이끌어 준다.

3. 전신투지예배 명상법

용수보살은 〈보행왕정론〉에서 말씀하신다.

"이 지구의 흙을 모두 부수어 노간주나무 씨앗만한 크기의 환을 만든다해도 한 인간이 무수한 삶을 되풀이하며 인연맺었던 어머니의 숫자에는 미치지 못한다."

인간의 삶은 결코 일회용으로 끝나지 않음을 티베트불교는 자각하게 한다. 생사윤회(生死輪廻), 끝없이 나고 죽는 생멸을 거듭하며 지금에 이르고 있는 것이다.

나고 죽는 모든 존재는 욕망과 고통에서 벗어날 수 없다. 나고 죽는 모든 존재는 모두가 나의 어머니 아닌 분이 없다. 인간

의 삶이 소중한 것은 다르마의 수행을 통해서 끝없이 되풀이되
는 생사의 수레바퀴에서 벗어나 고통속에 살아가는 어머니들을
구원할 수 있기 때문이다.

ㄱ. 먼저 두 손을 모아 합장한 손을 이마 앞에 대고 부처님의
몸을 생각한다. 다음 입에 대고 부처님의 가르침을 생각한다.
다음 가슴에 대고 부처님의 마음을 생각한다. 그리고 스스로 서
원하기를,

"내가 시작도 없는 옛적부터 오늘날에 이르도록 몸과 입과 생
각으로 지은 죄업을 모두 참회합니다. 원컨대 부처님의 몸과 부
처님의 가르침과 부처님의 마음을 깨닫도록 하소서."

ㄴ. 예배 올리는 내 앞에 먼저 커다란 보리수 한 그루가 있음
을 명상한다. 보리수 나무 맨 위 연꽃방석 위에 앉아 계시는 금
빛 몸의 부처님을 생각한다. 부처님 바로 아래 문수 · 보현 · 관
음 · 지장 등의 대보살들이 함께하고 있음을 생각한다. 대보살
아래 모든 욕망과 번뇌에서 해방된 아라한들이 계신다. 십대제
자, 오백제자, 성스러운 불제자들을 생각한다.

다음 나의 왼편으로는 어머니와 관계된 친척들을 생각한다.
오른편에는 아버지와 관련된 친척들을 죽 앉게 한다. 예배하는
나의 뒷편으로는 내가 구제해야 할 육도중생을 생각한다. 그리
고 보리수 나무 아래 예배 올리는 바로 앞에 나를 가장 괴롭힌
원수가 있다고 생각한다.

ㄷ. 이 모든 중생들이 바로 나의 어머니임을 명상하고 그들
또한 고통속에 살고 있음을 명상한다. 그리고 그 고통을 내가

대신 받고자 서원한다.

ㄹ. 두 무릎을 꿇고 두 손을 앞으로 쭉 펼쳐 이마와 온몸이 땅바닥에 닿게 한다. 그리고 손바닥만 살짝 들어 올려 내 온몸의 경락을 통해 어머니들에게 사랑과 헌신의 마음을 바친다. 그리고 다음의 기도문을 암송한다.

모든 중생의 고통이 내게로 오고
나의 공덕을 통해 그들이 모두 행복을 얻게 하소서
저 허공처럼 많은 중생이
모두 육체적 정신적으로 고통받고 있으니
그 모든 고통이 내게로 오도록 하소서
내가 세운 서원과 부처님의 자비로
모든 중생들이 행복을 얻게 하소서

티베트의 불교도들은 불도수행의 입문과정을 위와 같은 전신투지의 예배와 명상기도문을 십만 번 이상 해야 한다. 기초수행을 통해 중생의 아집과 욕망은 사랑과 헌신의 에너지로 전환된다. 자비의 물은 사랑의 운하를 통해 흐르며 그 자비심은 고통으로부터 싹튼다.

이 육신 안에 갠지스강이 있고 여기에 베나레스가 있다 여기에 해와 달이 있다 나는 순례의 장소로, 그리고 즐거움의 장소로 내 육신과 같은 곳을 본 적이 없다 그리고 여기에 불타가 숨쉬고 있다 〈사라하〉

마음의 평정, 삶의 활력을
주는 염불선

1. "공부가 되지 않습니다"

　모든 생명은 고통을 싫어하고 행복을 추구한다. 그러나 행복을 위해 추구한 일이 불행을 초래하고, 살려고 발버둥친 일이 죽음에 이르는 길이 되기도 한다.
　참으로 안타까운 삶의 현실이 아닐 수 없다. 나그네 길에서 안내자가 없으면 목적지를 바로 옆에 두고도 지나쳐 버리거나 헤매일 때가 많다. 인생의 나그네 길 또한 마찬가지이다. 삶의 목적도 삶의 바른 길도 알지 못하고서는 방황과 고통의 세월은 멈출 수 없다.

　우리가 불법을 만났다고 하는 것은 길 잃은 나그네가 길잡이를 만난 것과 같고 바다에 빠져 허우적거리다가 구조선을 만난 것과 같다.
　보물이 표시된 지도를 손에 넣은 사람이 그 길을 가지 않는다면 얼마나 안타까운 일인가?
　문명의 발달은 인간생활을 안락하고 풍요롭게 만들어가고 있지만 인간의 마음 속에 불안과 공허감은 점점 커져가고 있는 현실이다. 바쁜 생활속에서도 명상과 수행의 모임을 기웃거리고 일년에 한두 번 돌아오는 휴가기간을 이용하여 산사의 수련처를 찾는 사람이 늘어나는 것도 현실의 반영이라고 할 수 있다.
　많은 사람이 보다 본질적이고 영원한 것을 추구해 보고자 하지만 십중팔구는 다시 세속의 물결에 휩쓸려 버리고 만다. 그 중에는 진지하게 수행을 해보고자 선지식을 찾고 일상의 삶속에서도 정진을 게을리하지 않지만 현시대의 오염된 환경은 다시 나태의 수렁으로 빠져들게 한다.
생전의 구산스님께 선방수좌가 찾아와 예배하고 물었다.
"공부는 애써 하는데 공부가 되지 않습니다."
수좌의 눈빛을 한참 바라보던 스님은 자애로운 미소를 띠고 대답하였다.
"공부가 될 수 있는 방법이 꼭 하나 있는데 그걸 가르쳐 줄까?"
"예, 그 방법을 알려 주십시오."
"공부가 되지 않을 때는 법당에 가서 부처님 앞에 참회를 하도록 해라. 수좌가 지금까지 살아오면서 저지른 허물을 낱낱이 기억해서 참회해야 하고 이 시대 인간들이 저지른 죄업까지도 수좌가 대신해서 참회를 해야 해."
큰스님을 모시고 있을 때는 그 말씀의 깊은 뜻을 알지 못했지만 지금 돌이켜 보면 참으로 절실한 가르침이 아닐 수 없다. 참회와 발원은 수행의 길을 이끌어주는 수레의 두 바퀴와 같다.
우리는 수천만생을 살아오면서 진리와 어긋난 삶을 살아왔다. 중생의 삶은 물질과 명예를 추구하는 아집과 탐욕의 까르마(業)로 되풀이된다. 수천만생 동안 쌓이고 얽힌 까르마를 녹여내지 못하고서는 자아의 본질, 공(空)을 체득할 수 없다.
이 시대 모든 인간들의 악업과 죄악이 바로 '나'의 책임임을 통감하고 참회하는 행위야말로 대승보살의 정신이 아닐 수 없다. 일찍이 사람들을 일깨워서 진리의 삶을 향하게 하지 못한 '나'의 허물이 아닐 수 없다.
인간들은 자기의 그림자 속에 서서 왜 이렇게 어두울까 생각한다. 까르마는 스스로의 그림자이다.

2. 번뇌는 끊는 것이 아니다

여기 억겁 동안 무지의 어둠에 쌓인 까르마를 녹이는 오직 하나의 길이 있다. 그것은 무아(無我)를 깨닫고 자비를 실천하는 일이다.

사람들은 불교의 수행이라 하면 번뇌를 끊고 욕망을 끊는 일로 생각한다. 그러나 번뇌는 끊을 수 없고 욕망도 단절할 수 없다. 오직 질적인 변화가 있을 뿐이다.

고대의 성자들은 정욕을 통해 흐르는 에너지가 통로를 잘 맞추면 헌신으로 나타난다고 말한다. 이 에너지에 통로를 다시 열면 영적 체험으로 나타난다. 이것을 '에너지의 전환'이라고 부른다. 사람의 인격 또한 에너지의 형태에 따른 독특한 향기이다. 에너지가 가장 낮은 육체 수준에 존재할 때는 감각적인 욕망의 형태로 나타난다. 에너지가 감정 수준에 존재할 때는 사랑으로 나타나고, 가장 높은 상태에 도달하면 영적 체험으로 나타나게 된다.

대승불교에는 수많은 불보살이 신앙의 대상으로 등장한다. 지혜의 화신 문수보살, 자비의 화신 관세음보살, 행원의 화신 보현보살, 원력의 화신 지장보살 등.

큰 바위 얼굴을 바라보며 큰 바위 얼굴의 성자를 기다리던 소년이 스스로 큰 바위 얼굴이 되어가는 이야기가 있다. 불보살의 서원을 진실로 믿고 내마음 속에 부처님을 받아들일 때 중생의 에너지는 부처의 에너지로 바뀌어 간다.

한국불교사상의 큰 흐름은《화엄경》을 통해서 형성되었지만 현시대 불자들의 신행 경전은《천수경》과《금강경》이다.《천수경》의 요체는 '자비(慈悲)'이며《금강경》의 요체는 '무아(無我)'이다.

무아법에 통달한 사람이 진실로 보살이라고《금강경》은 말씀하신다.

수십 년을 수행했어도 '나'라는 아상(我相)을 여의지 못했다면 범부일 뿐이다. 이 산 저 산 흐르는 물이 결국 한 바다를 향해 가듯 불교의 팔만사천 가르침 또한 무아를 깨닫고 자비의 흐름에 따르는 것이다.

3. 이고득락(離苦得樂)의 염불공부

불교는 자기실현의 가르침이며 대안락의 법문이다.

긴장과 불안으로 이어지는 현대생활 속에서 선과 염불이 조화된 염불선의 수행법은 마음의 평정과 삶의 활력을 되찾아 주고 불교의 근본을 실현하게 해 줄 것이다.

불자들은 경전과 전통에 의거한 수행의 실천을 통하여 잔잔한 삶의 기쁨을 누릴 수 있어야 한다. 스스로 번뇌의 속박에서 벗어나 고요한 마음으로 관조하는 삶의 지혜와 기쁨을 이웃들과 나눌 수 있어야 한다.

마당의 꽃밭도 가꾸지 않으면 잡초와 가시덩쿨만이 우거지게 된다. 마음의 꽃밭 또한 가꾸지 않으면 욕망의 잡초와 질투의 가시덩쿨이 자라나게 된다. 지속적인 명상의 실천으로 마음의 꽃밭에 아름답고 향기로운 한 송이 연꽃을 피워보자.
　《천수경》의 자비와 《금강경》의 무아를 한 마디에 갈무리한 거룩한 성호가 바로 아미타불(阿彌陀佛)이다. 아미타불에 두 가지 의미가 있으니 끝없는 광명, 무량광(無量光 : Amitabha)은 무아(無我)를 상징하며 영원한 생명, 무량수(無量壽 : Amitayus)는 자비의 상징이다.
　아미타불의 명호에는 일체 불법의 공덕과 정수가 함장되어 있다. '나무아미타불'이란 염불의 형식으로 인간의 자각을 통한 정토의 성취를 의미한다. 인간의 자각이란 인간생명의 근원으로 돌아간다는 뜻이다.
　염불의 의미만 바로 알고 아미타불의 명호만 자꾸 불러도 업장이 점차로 녹아지고 지혜가 밝아진다. 진실로 명호부사의(名號不思議)이다.
　과거의 불교인들은 육시예불(六時禮佛)이라 하여 낮의 세 때와 밤의 세 때를 정해 놓고 규칙적인 기도생활과 신앙의 마음을 키웠다. 오늘의 불교인들은 하루에 두 번씩은 규칙적인 정진의 시간을 갖는 것이 절대적으로 필요하다.
　여기 우리 함께 염불하여 이 세상을 정토로 가꾸자는 노래가 있다.

　염불발심가(念佛發心歌)
　세상일에 골몰하여 항상 다투고
　닦아야 할 성불의 길 뒤로 미루네

갖은 죄업 모진 고통 허덕이면서
이고득락 염불공부 외면하누나
(후렴)
아미타불 아미타불 나무아미타불
아미타불 아미타불 나무아미타불

이 세상의 모든 인간 두루 살피니
애욕바다 태어나서 저 홀로 가네
이 세상을 하직할 땐 업보만 안고
가족 친구 많다 해도 저 홀로 가네

무아법을 깨우쳐야 보살이 되고
무상이치 통달해야 영원을 살리
대승진리 드높여서 불도 행하면
그 이름이 온누리에 두루 떨치리
(보현행원의 곡에 맞추어 부른다)

떠도는 어린 넋들을 위하여

1. 부끄러운 세계 제일

현재의 우리나라는 물질 위주의 전도된 가치관과 인명 경시 풍조속에 부끄러운 세계 제일을, 그것도 여러 가지를 자랑하고 있다.

첫째는 교통사고 사망률이 세계 제일이다. 둘째는 산업재해로 인한 사망률이 세계 제일이며, 셋째는 임신중절로 인한 태아 사망률이 세계 제일을 기록하고 있다. 최근에는 40대 남성 사망률과 간암 사망률이 세계 제일로 확인되기도 하였다.

그 중에서도 친자 살인에 해당되는 임신중절이 1년에 1백 50만 명을 넘어선다고 하니 참으로 몸서리쳐지는 일이 아닐 수 없다.

지금 이 땅의 산하는 온통 눈감지 못한 한맺힌 어린 영혼들의 울부짖음으로 가득 차 있다. 구만리장천을 중음신으로 떠도는 어리고 어린 영혼들의 슬픈 몸부림으로 가득 차 있다.

2. 어린 영혼과 부모의 고통을 해탈로 인도하는 가르침

이 시대가 안락하고 살아있는 백성들이 태평가를 부르기 위해서는 눈에 보이는 정치와 경제보다 중요시되어야 할 생명의 진실이 있다. 그것은 저 무한한 허공계를 외경하고 중음신으로 떠도는 넋들을 달래주는 일이다.

한 생명이 이 세상에 태어나면 젖을 먹이고 보살펴 주듯이, 한 생명이 이 세상을 하직하면 내생의 몸을 받기까지 어두움에서 헤매이지 않도록 보살펴 주어야 한다.

여기 이 세상과 인연은 맺어졌지만 이 세상의 햇빛을 보지 못하고 어둠속으로 사라져간 어린 영혼들을 해탈로 인도하는 가르침이 있다. 여기 자식을 죽인 죄업에 몸부림치는 부모의 고통을 해탈로 전환시키는 자비의 가르침이 있다.

낙태의 죄악과 구원을 설한 《장수멸죄 호제동자 다라니경(長壽滅罪護諸童子陀羅尼經)》이 그것이다. 경전은 말씀하신다.

"사람들이 병이 많고 단명(短命)하는 이유와 그런 사람이 병을 없애고 제 명대로 살 수 있는 길은 무엇입니까?"

하고 문수보살이 말세 중생을 대신해서 부처님께 여쭙는다.

부처님은 말씀하시길

"사람들이 병이 많고 제 명대로 살지 못하는 까닭은 유산(流産)이 그 근본 원인이니라. 세상에 살면서 지은 죄업 가운데 아무리 뉘우쳐도 씻기 어려운 다섯 가지가 있으니 첫째, 아버지를 죽인 죄. 둘째, 어머니를 죽인 죄. 셋째, 태아를 죽인 죄. 넷째, 부처 몸에 피를 낸 죄. 다섯째, 대중의 화합을 깨뜨린 죄이니라."

경전은 다시 또 이르기를 "태아를 죽인 큰 죄를 지었더라도 부처님과 불법을 통해 지성으로 참회하고 태아의 영혼을 위해 지성으로 천도공양하면 죄업이 소멸되고 이고득락(離苦得樂)한다"고 하였다.

지난 해부터 천주교 서울대교구에서는 경기도 용인에 위치한 천주교 공원묘지 내에 '낙태아를 위한 무덤'을 만들고 있으나 이 무덤은 허묘의 역할뿐이다. 그러나 그것은 150만 명으로 추산되는 낙태수술과 관련, 낙태한 부모가 태아에게 범한 돌이킬 수 없는 범죄행위를 속죄할 수 있는 기도 장소로 제공하기 위함이다.

일본의 경우 병원에서 임신중절수술을 마치면 태아의 시체를 작은 용기에 담아 태아의 시신만을 전문으로 처리하는 용역회사에 넘겨준다. 용역회사에서는 정중하게 화장한 후 그 유해를 지정 사원에 봉안하여 수자령(水子靈)의 천도불공을 봉행한다.

일본 전역에 중절아의 영혼 천도를 봉행하는 절이 2000개가 넘는다고 한다.

우리나라도 점차 태아의 시신을 어떻게 다루어야 할 지, 생명의 존귀함을 일깨우는 쪽으로 병원측과 종교계에서 더욱 마음 써야 할 것이다.

3. 수자지장의 슬픈 설화

죄악을 죄악으로 알지 못하고 날로 혼란이 깊어가는 이 시대의 업보를 조금이나마 정화하고자 염불선도량 대원사에서는 지난 93년 6월 4일, 높이 9척의 수자지장보살(水子地藏菩薩)을 봉안하고 수자령(水子靈)의 천도를 위한 백일지장기도를 봉행하고 있다.

양수에서 성장하는 태아의 영을 수자령이라고 부르며 수자령의 천도를 위한 지장보살님을 수장지장이라고 부른다. 오른손에는 아미타불을 모신 석장을 짚고 왼손으로는 동자를 안고 있는 수자지장의 모습은 다음과 같은 불교설화에서 유래한다.

"이승과 저승 사이에 삼도(三途)의 강(江)이 흐른다. 이 강가 모래밭에는 부모자식의 인연이 두텁지 못해 어려서 죽은 갓난아이와 햇빛도 보지 못하고 죽어간 핏덩이들이 모래밭에서 고사리 손을 모아 탑을 쌓고 있다고 한다. 부처님의 공덕을 빌어 삼도의 강을 건너려 고사리 손을 모아 돌 하나를 들고 어머니를 부르며 합장하고, 다시 하나의 돌을 들어 아버지를 생각하며 탑을 쌓는다.

그러나 하나의 탑이 완성되어 갈 때쯤이면 저승의 도깨비들이 나타나 호통을 치며 쇠방망이로 탑을 부숴버린다. 애써 쌓아 올린 탑이 무너져 내리면 어린 영혼들은 그만 모래밭에 쓰러져 서럽게 서럽게 울다 지쳐서 잠이 들어 버린다.

그 때 지장보살님이 눈물을 흘리며 나타나서 옷자락으로 어린 영혼을 감싸안으면서 '오늘부터는 나를 어머니라고 불러라' 하면서 삼도의 강을 건네 준다.

가슴을 에이고 뼈를 깎는 듯한 슬픈 이야기이다. 저승의 어머니 지장보살을 의탁하여 부모의 죄업을 씻고 어린 영혼을 천도하는 의례는 이로부터 시작된다. 어둠에서 어둠으로 스러져간 어린 넋들의 천도를 발원하고 우리들의 죄업을 참회하기 위해서는 간곡한 마음으로 지장보살을 부르지 않을 수 없다.

저 대지가 모든 오물과 쓰레기를 모두 용해시켜 새로운 생명을 탄생시키듯 지장보살은 어떠한 죄인이라도 모두 받아들여 용서하고 새로운 생명을 꽃피워 주기 때문이다.

4. 수자령 천도공양법

우리의 조상들은 아기가 태어나면 정신기운이 형성되는 49일 동안 삿된 기운이 범치 못하도록 출입을 통제하는 금줄을 쳤다. 아기에게 나쁜 영향을 미칠까 염려하여 7·7일 동안 포수는 사냥을 하지 않고 근신하였으며 집안에서도 살생을 삼가하고 남을 속이거나 악담을 삼가하였다.

이승의 삶을 마치고 영혼의 여행길에 나선 영가에게도 49일간의 정성은 중요하다. 우리가 여행할 때에도 친절한 안내를 받으면 헤매이지 않듯이 7·7일 동안 영가를 위한 기도는 저승길을 밝혀주는 한 줄기 빛이다.

참회와 발원

ㄱ. 수자령을 천도하고자 하는 이는 먼저 목욕재계하고 정성스런 공양물을 준비하여 지장보살전에 올린다.

ㄴ. 지장보살전에 몸과 마음을 기울여 108배의 큰 절을 올린다.

ㄷ. 절 한 번 할 때마다 지장보살 멸정업진언 "옴 바라 마리 다니 사바하"를 일곱 번씩 염송한다.

ㄹ. 예배가 끝나면 고요히 앉아 지장보살님의 모습을 마음에 그리며 지장보살 명호를 천 번 이상 부른다.

ㅁ. 마지막으로 지장보살 십선계를 낭송하여 이기적 삶의 태도를 반성하고 대승보살의 삶을 발원한다.

지장보살십선계

1. 나는 살생하지 않는 수행을 통해서 그 공덕으로 사람들이 건강하게 오래 살기를 염원하리라.

2. 나는 도둑질을 하지 않는 수행을 통해서 그 공덕으로 사람들이 필요로 하는 재물을 얻을 수 있기를 염원하리라.

3. 나는 음란한 짓을 하지 않는 수행을 통해서 그 공덕으로 사람들의 몸과 마음에 기갈이 생기지 않기를 염원하리라.

4. 나는 속이지 않는 수행을 통해서 그 공덕으로 사람들이 진실을 말하고 마음의 평정을 얻기를 염원하리라.

5. 나는 이간질을 하지 않는 수행을 통해서 그 공덕으로 사람들이 항상 화합하여 기쁨을 나누기를 염원하리라.

6. 나는 나쁜 말을 하지 않는 수행을 통해서 그 공덕으로 사람들의 마음이 평안하여 산란해지지 않기를 염원하리라.

7. 나는 잡담하지 않는 수행을 통해서 그 공덕으로 사람들이 여러 가지 곤란을 당하는 일이 없기를 염원하리라.

8. 나는 탐내지 않는 수행을 통해서 그 공덕으로 사람들이 마음의 방황을 멈추고 진실한 평안을 얻기를 염원하리라.

9. 나는 성내지 않는 수행을 통해서 그 공덕으로 사람들이 서로 용서하고 자비를 베풀 것을 염원하리라.

10. 나는 어리석은 짓을 하지 않는 수행을 통해서 그 공덕으로 사람들이 인과를 무시하는 그릇된 생각이 생기지 않기를 염원하리라.

사경(寫經)과 사불(寫佛)

수자령의 천도를 위한 기도는 《반야심경》 사경과 지장보살 사불을 권한다.

절실한 참회의 마음과 진실한 천도의 마음을 내어 사경과 사불의 기도를 49일 동안 행하는 것이 가장 이상적이다.

사경 신앙의 근본은 1자1불(一字一佛)의 신앙이다. 경전의 한 글자 한 글자가 바로 한 부처님이라는 가장 공경스러운 믿음으로 한 점 한 획에 불상을 조성하는 정성으로 서사하여야 한다. 한 편의 사경과 사불이 끝나면 경문 옆에 '수자령 왕생정토발원'이라 쓰고 사경 일자와 본인의 이름을 쓴다.

오늘날 우리는 뒤집혀진 가치관 아래 온갖 죄악과 삿된 소견이 가득찬 오탁악세의 시대에 살고 있다. 지장보살은 바로 죄업과 질병으로 신음하는 죄업 중생들의 자애로운 어머니로 존재하신다.

아, 애욕과 죄악에는 빠지기 쉽고 공덕과 해탈은 이루기 어려운 덧없는 인간의 삶.

아, 지장의 마음을 알게 되면 인간의 한평생이란 당신의 이름만을 부르기에도 너무나 짧은 것을…….

지극한 마음으로 《반야심경》 한 편을 사경할 때 지옥의 고통이 멈추고, 지극한 정성으로 지장보살님 한 분 그릴 때 지옥중생 한 명이 해탈하게 된다.

궁극의 명상, 관세음보살
최상의 실천, 대세지보살

1. 염불은 염불이 아니다

중국의 육조 혜능선사(六祖慧能禪師)에게 13세 사미(沙彌)가 참배하였다. 기특한 사미승을 보고 선사가 물었다.

"네가 먼 곳에서 찾아와 절을 하는데 근본을 가지고 왔는가? 만약 근본이 있다면 곧 주인을 알 것이다. 말해 보라."

"머무름 없음[無住]으로 근본을 삼으니 지금 보는 놈이 바로 주인이올시다."

"이 사미가 어찌 경솔하게 말을 함부로 하는가?"

하고 주장자로 사미의 머리를 세 번 때렸다. 사미가 다시 물었다.

"큰스님께서는 좌선하실 때 무엇을 보십니까?"

"내가 너를 때렸으니 아프냐, 안 아프냐?"

"아프기도 하고 아프지 않기도 합니다."

"나도 또한 보기도 하고 보지 않기도 하느니라."

"어떤 것을 보고 어떤 것을 보지 않습니까?"

"내가 보는 것은 항상 내 자신의 허물을 보는 것이요, 보지 않는다는 것은 타인의 잘못을 보지 않는 것이다."

《육조단경》

선수행은 별로 중요한 것이 아니다. 선수행보다 더욱 중요한 것은 선의 마음을 지니는 일이다. 선의 마음은 자신의 허물만을 보고 타인의 잘못을 보지 않는 것이다. 선의 마음을 지닐 때 선의 세계에 들 수 있다.

"자기 코 끝 뾰족한 것만 보지, 남의 눈동자 모난 것은 보지 말아라"

하는 선가의 가르침은 이를 말한다.

염불을 하는 것은 중요한 일이 아니다. 염불의 마음을 먼저 깨달아야 한다.

부처님을 생각하거나 부처님 명호를 소리내어 부르는 것을 보통 염불이라고 한다. 그러나 염불의 참된 의미는 중생이 부처님을 생각하는 것이 아니라 부처님(佛)이 중생을 염려하는(念) 것을 깨닫는 일이다.

어린 아이가 어머니를 찾고 부르는 것은 어머니의 보살핌과 사랑을 믿기 때문이다. 중생이 부처님을 생각하는 것은 부처님의 자비원력을 믿고 부처님의 원력에 의하여 이 몸이 부처가 되어가는 것을 믿는 마음이다. 그래서 신심정인(信心正因)이요, 칭명보은(稱名報恩)이라고 하였다. 부처님의 원력을 믿는 것이 성불의 근본이 되고 염불하는 것은 부처님의 크신 은혜를 우러러 찬탄하는 것이다. 그러므로 불자(佛子)란 부처님의 아들임을 자각했다는 뜻이다. 부처님의 아들이란 불성(佛性)이 나의 본성임을 자각한 존재이다. 불자의 신앙은 우주법계가 부처님의 법신임을 깨닫고 부처님의 품 안에서 기뻐하는 일이다.

중생의 삶이란 광명실상의 본실생명을 등지고 미혹의 어둠에서 고통받는 것을 말한다.

나무아미타불을 염불한다는 것은 어둠의 미망을 부수고 본래 밝음의 세계를 드러내는 일이다. 지극한 마음으로 부처님을 그리워하고 간절함으로 하는 염불속에 어둠과 미혹의 세계는 걷혀지고 광명과 진리의 세계가 그 모습을 드러낸다.

밀교(密敎)에서는 아미타불을 무량수불(無量壽佛), 무량광불(無量光佛)이라 하는 외에 또 감로왕여래(甘露王如來)라 호칭한다. 여기서 무량수불은 법신(法身), 무량광불은 보신(報身), 감로왕여래는 화신(化身)이라고 말한다.

극락세계란 우리 중생이 필경 돌아가야 할 생명의 고향이며 아미타불이란 생명과 우주의 실상(實相)이며 법신, 보신, 화신을 총섭하는 삼신일불(三身一佛)이며 삼세일체불(三世一切佛)의 본체이다. 경전에 나오는 수많은 불보살 또한 우주의 대생명력이요 진리의 몸인 '아미타불'의 무한한 공덕의 바다에 나타나는 상징적인 이름임을 알아야 한다.

우리 나라의 사찰을 다녀보면 각기 다른 불보살을 모신 전각이 많고 신앙의 대상이 너무 다양하여 불교는 다신교가 아닌가 하는 생각을 할 수 있다.

그러나 불교의 다신교적인 교화방편과 다양한 신앙의 대상은 아미타불에 의하여 통합되는 일즉다다즉일(一卽多多卽一)의 신앙체계임을 깨달아야 한다.

온누리에 충만하신 광명의몸 아미타불
우주법계 유정무정 근원생명 아미타불
어둠속의 중생위해 관음보살 보내시고
고통속의 중생위해 세지보살 보내셨네

2. 궁극의 명상, 관세음보살

선정이 깊어지면 물질의 장애에서 벗어나게 된다. 자기 내면의 광명을 스스로 보게 되면 온 우주가 오라(Aura)의 금빛깔이 되매 은백색 광명의 후광을 두른 불보살들이 온누리에 가득차 있음을 보게 된다.

《능엄경》에 나오는 내용이다.
법계에 가득찬 부처님의 광명을 보지 못하고 일체중생의 근원적인 생명에너지를 알지 못하는 중생들을 깨우쳐주기 위해 관세음보살이 계신다.

관세음보살을 신앙하는 불자들은 먼저 관음의 형상을 분명하게 마음에 새겨야 한다. 대승불교에 등장하는 수많은 불보살의 명호와 형상은 신앙의 의미는 물론 명상의 실천을 위해서 형성된 것이다. 그 중에서도 관세음보살의 다양한 이름과 형상은 중생구제의 방편이며 가장 궁극적인 진리를 깨닫도록 이끌어주는 부처님의 자비이다.

관세음보살의 상호를 자세히 보면 이마 위에 아미타불을 모시고 있음을 볼 수 있다. 그것은 일체중생의 눈앞에 분명한 부처님의 광명을 깨우쳐 주기 위한 궁극적인 명상이다. 만약 관세음보살을 염불하고자 하거든 먼저 나의 이마 위에 연꽃 모양으로 가부좌하고 계신 금빛나는 아미타불의 형상을 분명하게 관상(觀相)해야 한다.

부처님의 형상이 분명해지면 지금 나의 눈앞에 계시는 부처님께 가장 공경스러운 마음을 모아 합장하고 염불한다.

티베트불교의 기본명상법에는 기도시간만이 아닌 일상생활 전체에 지금 나의 이마 위에 계시는 금빛나는 부처님을 명상하게 한다. 그리하여 차 한 잔을 마실 때도 이마 위에 받들어 부처님께 먼저 공양을 올린다. 잠자리에 들 때는 베개를 부처님의 무릎으로 생각하며 염불 속에 잠이 든다.

일본 국민들이 집집마다 불단을 모셔 놓고 월급을 타거나 선물이 들어오면 먼저 불단에 올리고 부처님께 받아쓰는 정신, 식사 전의 인사로 "이다다끼마쓰" 하는 말에도 이마 위에 정대한다는 뜻이 있다. 이 모두는 불교의 명상을 생활화시킨 하나의 사례이다.

또한 스님들이 발우공양하기 전에 발우를 이마 위에 받들어 모시는 것도 근본은 이마 위의 부처님께 먼저 공양올리는 의미가 깃들여 있다. 큰스님을 찾아간 신도들이 삼배의 절을 올릴 때 스님들이 합장하고 계신 것은 스스로 절을 받는 것이 아니라 눈앞에 계신 부처님께 회향하기 위한 것이다.

부처님의 광명 앞에 모든 어둠과 불행은 일시에 소멸된다. 이마 위에 계신 부처님의 광명을 관상하며 내 몸이 또한 빛으로 용해되어 버리는 것을 느껴야 한다. 나의 몸 또한 마음(一心)의 그림자이기 때문이다.

궁극적으로 절을 받는 자도, 절을 하는 자도 없는 부처님의 광명뿐임을 깨우쳐야 한다.

　　대자대비 관음보살 이마위의 아미타불
　　나도이제 이마위에 아미타불 모시옵고

두손모아 합장하고 아미타불 염불하니
나의몸이 빛이되고 온누리가 광명법계

3. 최상의 실천, 대세지보살

아미타불에 비지이문(悲智二門)이 있으니 관세음보살은 자비문(慈悲門)을 나타내고 대세지보살은 지혜문(智慧門)을 드러낸다.

관세음보살은 이마 위에 아미타불을 모시고 있는 반면 대세지보살은 보병(寶甁)을 이마 위에 받들고 있다.

《관무량수경(觀無量壽經)》에 "대세지보살의 보배병 속에는 온갖 광명이 가득하여 두루 부처님 일〔佛事〕을 나타낸다" 하였고, 〈보은기(報恩記)〉에는 "대세지보살은 부모의 은혜가 막중한 것을 표현하여 보병 속에 전생(前生) 부모의 유골을 넣었다" 하였다.

대승불교의 가르침에 따르면, 한 생명이 1겁(却) 동안 윤회의 삶을 통하여 나고 죽은 육신을 한 데 쌓아 놓는다면 히말라야산보다 높고, 같은 기간 동안 인연맺은 부모형제의 육신은 허공을 가득 채운다고 하였다.

대세지보살이 이마 위의 보병 속에 부모 유골을 모시고 있는 것은 지금 만나는 모든 이웃들이 전생의 부모임을 깨우쳐 주기 위한 메시지이다.

조상을 잘 받들고 섬기면 자식들이 잘 된다고 한다. 그것은 지금 나의 자식들은 조상의 후손이기 때문이다. 또 우리가 죽으면 자식의 자식으로 다시 태어나게 된다. 사람으로 태어날 복이 없으면 그 집의 개나 고양이로 다시 오게 된다.

서울의 모 회장에게 아들이 둘 있었는데 대학에 다니던 둘째 아들이 그만 교통사고로 죽고 말았다. 비탄에 빠진 부모들은 큰스님을 청해서 49재를 봉행하였다. 영단에 모셔진 자기 아들 사진을 한없이 바라다보고 있던 아버지는 신묘한 현상을 체험하였다. 아들의 사진 모습이 바뀌어 군인으로 변하는 것이었다.

아버지는 6.25때 중대장이었다. 자기 부하중에 탈영병이 생겨 총살을 시키고 말았는데 살려 달라고 애원하던 그 부하의 모습이었다. 49재를 마치고 큰스님께 말씀드렸더니 아들의 나이를 물으시던 큰스님이 "그때 죽은 부하가 인과의 작용으로 거사님의 아들로 온 것입니다." 자업자득, 삼세인과의 이치를 깊이 생각한 거사님은 6.25때 죽은 부하와 금생에 인연된 아들, 두 영혼의 천도를 발원하고 전북 무주에 ○○사를 복원하였다.

이같은 이치를 깊이 명상할수록 살아있는 모든 존재에 끝없는 사랑의 마음이 일렁이게 된다. 나쁜 인연 맺지 말고 원결은 풀고 가란 말이 그것이다.

우리 마음속의 번뇌란 다른 말로 하면 이기심이다.

사람들은 모두 행복을 추구하고 고통을 두려워 한다.

우리가 이 점을 잘 이해하면 나에게 행복과 기쁨을 주는 것은 타인에게도 행복과 기쁨을 주게 된다는 것을 알게 된다. 자기 마음 속에 이웃을 위하는 마음을 간직하는 것, 그것이 바로 깨달은 마음이다.

  이 시대의 불자들은 자기 자신을 고독과 불행으로 몰고가는 아집과 이기심을 떨쳐버리고 중생들의 기쁨과 행복, 해탈을 위한 서원을 세우고 정진의 길에서 게으르지 말아야 한다.

    대희대사 세지보살 이마위에 부모유골
    대승불교 가르침은 일체중생 나의부모
    평등심과 헌신으로 이웃위한 나의서원
    세세생생 보살의길 나아가기 원합니다

사랑의 눈매여!
연민의 눈빛이여!

1. 자기의 눈빛을 점검하라

관세음보살을 염불하고 명상하는 수행자는 먼저 관음의 형상 속으로 깊숙이 들어가지 않으면 안 된다.

모든 능력을 구비하신 분이여 (具一切功德)
자비로운 눈으로 우리를 굽어보네 (慈眼視衆生)
넉넉하고 깊기가 바다와 같으므로 (福聚海無量)
저희들은 머리 숙여 절하나이다 (是故應頂禮)

《법화경》〈관세음보살 보문품〉에 나오는 게송이다. 그 중 마음에 깊이 새겨 두어야 할 한 구절은 자안시중생(慈眼視衆生)이다. 자비의 눈으로 중생을 살피시는 관음의 눈매이다. 자비의 어머니 관세음보살을 기리는 불자들은 관음의 눈빛속으로 깊숙이 들어가 관음의 마음과 하나가 되어야 한다.

그리고 자비의 어머니 관음의 눈으로 이웃을 따뜻하게 바라볼 수 있어야 한다. 관음을 부르며 관음을 닮고자 하는 불자들은 마땅히 자비의 수행 자비관을 닦지 않으면 안 된다.

인성은 갈수록 거칠어지고 사랑은 고갈되어 버린 현시대의 불자들은 자신의 눈매를 돌이켜 보는 일로 화두를 삼아야 한다.

지금 나의 눈빛이 이기적인 욕망으로 불타고 있지는 않은가? 사람을 무시하는 눈빛은 아닌가?

많은 사람들의 입에서는 사랑과 자비가 넘쳐 흐르지만 사랑과 자비가 가득 깃든 눈매를 보기 어려운 것은 우리들 마음의 상처가 너무나 깊기 때문이다.

영화 '서편제'의 대화 한 구절을 가져와 본다.

　사람이 산다는 것은 한을 쌓는 일이고 한을 쌓는 일이 사람이 사는 일이다. 소리를 하려면 한이 맺혀야 하지만 참된 소리는 한마저도 녹아 내려야 한다.

　사람은 저마다 살아 오면서 많은 상처와 슬픔의 얼룩을 가슴에 간직하고 있다. 기도와 수행이란 바로 우리 가슴에 맺힌 상처와 슬픔의 응어리를 정화하고 풀어내는 일이다.
　자비의 어머니 관세음보살은 능히 마음의 상처를 어루만져 주고 마음의 응어리를 녹여준다.
　아무리 좋은 밭도 씨뿌리고 일구지 않으면 이내 잡초가 무성해지고 독사와 독충이 서식하며 사람을 놀라게 한다. 상처받은 인간의 마음이 회복되지 못하면 자신과 이웃을 불행하게 한다.
　한국에서 10년 이상 살면서 한국불교의 수행과 승가 생활을 익힌 한 외국 스님은 한국 스님들의 수행관을 이렇게 평한다.
　"한국 스님들은 개인적으로만 수행하려고 하지 자비심이 부족하고 따뜻한 눈빛이 없어요."
　중요한 지적이 아닐 수 없다.
　우리 한국불교는 대승불교를 지향하면서도 대승불교의 이념 정립이 되어 있지 못하고 최상승선을 말하면서 최상승선의 생활원리를 심어주지 못했다. 그것은 깨달음만이 지나치게 강조되어 사랑과 자비를 개발하는 기초수행에 소홀했기 때문이다.
　티베트불교의 명상 지도자 쵸캄 트룽파는 말한다.

"자기는 수행과 깨달음의 길을 닦아 나간다고 하면서 실제로는 이기심을 추구하는 자기기만은 수행자들이 빠져들기 쉬운 함정이다. 수행자의 모습을 하고 상대방을 무시하는 이들은 정신적 물질주의자라고 할 수 있다."

한국불교가 수행과 깨달음을 강조하는 데 비해 티베트불교는 깨달음은 중요한 것이 아니고 수행은 해서는 안 된다고 말한다.

중생의 바탕은 이기심과 아집인데 그 바탕을 그대로 둔 채 수행하고 교리를 배우면 아만심과 법집(法執)만을 증장시킨다는 것. 집을 짓기 위해서는 기초공사가 튼튼해야 하고 씨앗을 뿌리기 위해서는 잡초를 뽑아줘야 하듯 수행을 하기 위해서는 뿌리 깊은 중생병을 치유하는 기초수행이 필요하다는 것이다.

현재 티베트불교의 4개 종파에는 각각의 기초수행이 실천되고 있지만 그 근본은 스승과 삼보에 대한 공양과 헌신을 통하여 에고(Ego)와 욕망의 에너지를 사랑과 헌신의 에너지로 전환시키는 일이다.

2. 자비심의 계발, 에너지의 전환

태안사 선원에서 겨울안거를 지낼 때이다.

출가한 지는 10년 이상 됐지만 선원 생활은 처음인 한 스님이 있었다.

안거가 보름쯤 지나서 함께 등반할 기회가 있었다.

산에서 내려오는 길에 그 스님이 말하였다.

"선원에 앉아 있으니까 무슨 망상이 그렇게 많이 일어나는지 참으로 고통스러웠습니다. 망상과 혼침속을 헤매다가 스스로 다짐을 했습니다. '나는 선원에 앉아 수행할 근기는 되지 못하지만 기왕 한 철 살기로 작정했으니 도중하차할 수는 없고 함께 정진하는 도반스님들 장애 없이 수행하게 기도축원이나 해주자' 하고는 한 방에서 정진하는 12명 스님들을 한 명씩 머리에 떠올리며 , '○○스님이 아무 장애 없이 수행에 정진하여 성불하게 해 주십시오' 하며 축원하였습니다."

이렇게 3일을 하니 이제까지 전에 느껴보지 못했던 마음의 평온과 행복을 느낄 수가 있어서 좌선시간이 아주 행복한 시간이 됐다고 하였다. 또한 12명 스님들을 한 분씩 떠올려서 진실한 마음으로 축원을 했더니 시간도 잘 가고 좀 못마땅했던 사람도 굉장히 가까워졌다고 하였다.

여기에 수행의 깊은 묘미가 담겨 있다. 자기 수행을 위해 몸부림칠 때 지루함과 망상에서 벗어나기 어려웠는데 자기 공부는 놓아버리고 타인의 공부를 위해 축원하니 자신의 마음에 기쁨과 고요의 빛이 깃들게 됐다는 것이다.

태국과 미얀마에 가면 지금도 밀림의 수행자들이 있다. 그들은 맹수와 독사, 독충들이 우글거리는 밀림에서 3개월의 안거에 들어간다. 밀림에 들어가기 전 반드시 행하는 수행이 바로 자비관이다.

수행자는 먼저 경건한 마음으로 자비의 덕성을 명상하고 《자비경》을 암송한다. 《자비경》은 《숫타니파타》에 실려 있다.

그 원문은 다음과 같다.

살아있는 모든 것은
다 행복하라
태평하라
안락하라

어떠한 생물일지라도
겁에 떨거나 강하고 굳세거나
그리고 긴 것이건 큰 것이건
중간치건 짧고 가는 것이건
또는 조잡하고 거대한 것이건

눈에 보이는 것이나 보이지 않는 것이나
멀리 또는 가까이 살고 있는 것이나
이미 태어난 것이나 앞으로 태어날 것이거나
모든 살아있는 것은 다 행복하라

마치 어머니가
목숨을 걸고 외아들을 아끼듯이
모든 살아있는 것에 대해서
한량없는 자비심을 내라

또한 온 세계에 대해서
한량없는 자비를 행하라
위 아래로 또는 옆으로

장애와 원한과 적의가 없는
자비를 행하라

서 있을 때나 길을 갈 때나
앉아 있을 때나 누워서 잠들지 않는 한
이 자비심을 굳게 가지라
이 세상에서는 이러한 상태를
신성한 경지라 부른다

《숫타니파타》

먼저 자신의 모습을 연상하면서 다음과 같은 축원문을 고요히 암송한다.

나에게서 미움과 질투의 감정이 사라지고 감사와 사랑의 마음이 샘솟기를!
나에게서 허전함과 외로움의 감정이 사라지고 충만한 기쁨이 샘솟기를!
나에게서 불안과 공포의 감정이 사라지고 호수와 같은 평온함이 깃들기를!
나에게서 삶의 고통과 죽음의 두려움이 사라지고 열반의 기쁨이 함께하기를!

이같은 자비의 명상과 염력으로 자신을 가득 채우면 수행자는 물이 가득찬 항아리와 같이 될 것이며 그 자비의 물은 목마른 이웃의 마음을 촉촉히 적실 준비가 된다.
　자기 자신에 대한 자비관이 끝나면 다음에는 자기가 가장 존경하는 사람, 가족, 친구, 그리고 그저그런 사람, 미운 사람의 순서로 상대방의 영상을 분명하게 떠올리며 자비축원문을 암송한다. 이때 눈앞에 떠올린 영상은 분명해야 하며 염력의 방사는 진심에서 우러나는 것이어야 한다.
　다음에는 네 발 가진 짐승들의 모습을 떠올리며 자비의 축원을 한다. 계속해서 물 속의 고기들, 날아다니는 새들, 아주 작은 미물 곤충들에 이르기까지 생명 가진 일체 존재를 향하여 한없는 자비의 광선을 방사시킨다.
　이같은 자비관을 1달 이상씩 수행하고 밀림의 안거에 들어가는데 맹수나 독사, 독충의 피해는 물론 모기의 방해도 받지 않고 수행에만 전념할 수 있다고 한다.
　완전히 깨어 있지 못한 인간의 의식은 상대방의 염력을 깊이 감지하지 못하지만 식물계와 동물계 그리고 영계(靈界)는 진심에서 방사되는 염력을 바로 감지한다고 한다.
　불전에도 보면 데바닷타가 부처님을 살해하기 위해 성난 코끼리를 풀어 놓았을 때 부처님은 조금의 동요도 없이 한없이 자비한 마음이 되어 코끼리를 향해 한 손을 들어 자비의 광선을 내보내는 장면이 있다. 강력한 자비의 진동을 감지한 코끼리는 곧 유순해져서 부처님 앞에 무릎을 꿇는 것이다.
　성난 코끼리를 향해 한 손을 들어 자비의 광선을 보내 일체의 두려움에서 벗어나게 해주는 부처님의 손 모습, 그 수인(手印)을 시무외인(施無畏印)이라고 한다.

자비의 어머니 관세음보살을 시무외자(施無畏者)라고 하는 것은 충만한 자비의 마음으로 일체중생의 두려움을 없애주고 안온함을 베풀어주기 때문이다.

자비관의 지속적인 실천은 우리 마음의 얽히고 설킨 고통과 원한의 매듭을 한 가닥씩 풀어서 사랑과 평온이 깃들게 한다. 자비심이 깊어지면 불안과 두려움의 감정에서 벗어나게 된다.

미망과 고통 속의 중생이 마음을 전환시키는 가장 강력한 수행, 자비관을 통해서 영원한 행복인 자비심을 성취하게 된다. 그때 영원한 행복의 진리를 알지 못하는 이웃들에 대한 무한한 사랑과 연민의 마음이 샘솟게 된다.

자비와 연민, 기쁨과 평온함은 인간의 마음 가운데 가장 거룩하고 본질적인 요소이다. 자비의 집을 여의지 않는 불자에게는 삶의 고통이 침입하지 못한다.

세상의 많은 기도법과 수행법이 있지만 자비관의 수행공덕에는 16분의 1에도 미치지 못한다고 하였다. 마치 많은 별들이 있지만 보름달의 밝음에는 미치지 못하듯이.

매일매일 자비관을 수행하는 불자들에게는 열 가지의 이익과 공덕이 생겨남을 경전은 말씀하신다.

자비관의 십종공덕
1. 편안히 잠들고 즐겁게 깨어난다
2. 악몽에 시달리지 않는다
3. 사람들의 사랑과 존경을 받게 된다
4. 사람 아닌 존재들의 보호를 받게 된다

5. 선신들이 수호하고 보호한다
6. 불이나 독, 무기의 해를 입지 않는다
7. 기도정진하면 쉽게 삼매에 이른다
8. 얼굴 표정이 늘 밝고 평온하다
9. 임종시에 마음이 흐트러지지 않는다
10. 죽으면 천상에 나게 된다

자비심이 마음의 해탈(慈心解脫)임을 깨달아 모든 이웃들이 고통에서 벗어나 행복하기를…….

자비축원문
강물이 흘러서 바다에 이르듯
기운달이 차서 둥근달이 되듯
이와 같은 수행의 공덕으로
나와 더불어 모든 이웃들이
원한과 고통, 불안에서 벗어나
기쁨과 행복 누리기를 기원합니다

강물이 흘러서 바다에 이르듯
기운달이 차서 둥근달이 되듯
이와 같은 수행의 공덕으로
살아 있는 모든 생명들이
원한과 고통, 불안에서 벗어나
기쁨과 행복 누리기를 기원합니다

열 개의 얼굴을 지나
부처의 얼굴을 보라

1. 자연의 재앙은 인간 마음의 반영

1960년 남미의 칠레에서 대규모 지진이 발생하여 수많은 인명을 앗아가고 전 도시가 황폐되었다.

그때 정신분석학자 칼 융은 뉴욕타임즈에 다음과 같은 글을 기고하였다.

"오늘날의 과학자들 대부분은 나의 견해에 찬성하지 않을 수도 있으나 우리들이 살고 있는 이 지구는 우리들의 심리적, 정신적 상태에 정직하게 반응하고 있다. 인간의 마음 속에 불같이 타오르는 파괴적인 분노와 원한의 감정은 지진과 같은 파괴적 재난을 초래한다."

부처님이 우리에게 탐욕과 분노, 어리석음의 마음을 정화하라고 가르친 것은 자신과 이웃의 불행은 물론 전 지구적인 무서운 전쟁과 질병, 재난을 가져오기 때문이다.

무절제한 소비생활과 그로 인한 환경오염 문제는 이제 모든 인간의 생존이 걸린 중대한 문제로 대두되고 있다. 그러나 환경오염과 자연재앙에 대처하는 인간들의 대응책은 아직까지도 근본적인 법칙을 깨닫지 못하고 있다.

초기경전(중지부 I, 160)에는 지나친 탐욕과 소비, 변태성욕, 그릇된 가치관이 사회에 만연하면 흉년을 초래한다고 하였다.

"인간의 마음은 언제나 소유물을 추구하므로 결코 만족하지 못합니다. 보살들은 그 반대 방향으로 움직이며 자족(自足)의 원리를 따릅니다. 그 길을 수행하기 위해서 그들은 단순한 생활을 합니다. 그리고 완벽한 지혜에 대한 깨달음을 그들의 유일한 직무로 택합니다."

《팔대인각경(八大人覺經)》에 나오는 말씀이다. 이 세상의 많은 사람들이 이기적인 아집과 탐욕에 사로잡혀 원한과 증오를 키워가고 있는데도 우리들의 지구가 파괴되지 않고 유지될 수 있는 것은 소수의 구도자 집단이 있기 때문이다.

세상에 이름을 드러내지 않고 평생을 수도생활에만 전념하는 구도자들, 인류의 죄를 대신해서 참회하며 노동과 기도의 삶을 살아가는 수도자들의 삶의 양식은 현실사회와 아무 상관도 없는 듯 보인다.

그러나 우리의 육안으로 볼 수 없는 정신의 세계에서 보면 사랑과 평화의 진동을 일으켜 탐욕과 원한의 진동을 중화시켜주는 소수의 성자들의 존재를 통해서 지구는 가까스로 생존하고 있는지 모른다.

우리가 좌선과 염불의 수행속에 삼매를 이루면 이 순간에도 사랑과 평화의 바이브레이션을 감지할 수 있는 것이다.

2. 자비심이 해탈이다

"과학적인 지식과는 별도로 식물 생장의 비밀은 사랑이라고 할 수 있습니다."

미국의 저명한 식물학자 루터 버뱅코의 지적이다.

그는 가시가 없는 선인장을 만들기 위한 실험으로 선인장에게 깊은 사랑의 마음을 베풀었다. 밖에 나갔다 오면 지낸 일을 자상하게 일러 주기도 하고 좋은 음악을 들려 주기도 하였다.

무럭무럭 자라나는 선인장에게 그는 말하였다.

"이제까지는 아무도 너를 보호해 주는 사람이 없었기 때문에 너 자신을 보호할 가시가 필요했던 것이다. 이제는 아무것도 두려워 할 것이 없다. 내가 너를 이렇게 사랑하고 있잖니. 이젠 방어를 위한 가시는 필요없는 거야."

식물학자의 보살핌과 사랑에 길들여진 선인장은 가시가 없는 변종으로 변화되었다. 그는 다시 말한다.

"나는 이제 인류를 하나의 거대한 식물로 보고 있습니다. 그리하여 자신의 완전한 성장을 위하여는 사랑과 함께 외부로부터의 자연스러운 축복 그리고 지적인 교배와 선택이 필요하다고 생각합니다. 지금까지 스스로의 인생을 지내오면서 나는 식물의 진화에서 볼 수 있는 진보가 너무도 기적적이었기 때문에 이 세상도 어린이들이 소박하고도 합리적인 삶의 원리들을 배우기만 한다면 그 즉시로 건강하고 행복하게 될 것이라는 낙관론을 갖기에 이르렀습니다. 우리는 자연으로, 자연의 신께로 반드시 돌아가야 합니다. 나는 타인으로부터 격리되고 모든 개성을 질식시키고 있는 우리세대의 교육제도에 대해서 깊은 거부감을 느끼고 있습니다."

이 시대의 인간들과 조직들은 하나의 선인장이 되어가고 있다. 저마다 자기 방어의 가시를 세우고 서로의 마음에 깊은 상처를 주고 받고 있다.

우리가 이 세상에 몸을 받아 태어났다는 것은 문제가 남아 있기 때문이다. 문제가 사라진 사람은 이 세상에 다시 태어나지 않는다. 중생제도의 서원을 가진 불보살을 제외하고는…….

다행히 금생에 불법의 인연을 만난 불자들은 부처님 가르침에 의지하여 삶의 문제들을 하나씩 풀어 나가야 한다. 인간은 한평생을 통하여 많은 상처와 응어리를 마음에 간직하고 있다.

인간의 마음을 깊이 들여다 보면 몇 개의 층으로 형성되어 있다고 한다. 맨 위에는 욕망의 층이 있다. 갖고 싶고 이루고 싶은 욕망들이 좌절됐을 때의 찌꺼기들이 모여 이루어진 마음의 퇴적층이다.

두번째는 슬픔의 층이다. 부모와 친구, 사회로부터 억압받고 무시당한 상처들이 누적되어 폐쇄적인 마음을 만들고 있다.

세번째는 분노의 층이다. 질투와 원한등이 쌓여 파괴적인 마음을 만들고 있다.

마지막 네번째는 공포의 층이다. 인간의 마음 깊숙이에는 알 수 없는 두려움이 있다. 그것은 끝없는 윤회의 삶속에서 고통속에 죽어 갔던 과거의 기억들이 누적되어 불안과 공포의 마음을 형성하고 있다.

인간의 식탁에 오르기 위해 도살되는 수많은 소와 돼지, 그리고 닭들의 처절한 비명소리를 들어보라. 살고자 하는 자기의지를 박탈당한 채 무참하게 죽임을 당하는 전쟁 포로들.

인간의 마음 가장 깊은 곳에는 까닭 모를 두려움의 감정이 있다. 그것은 바로 무수한 과거 전생에서 공포속에 죽어갔던 아스라한 기억이다. 세계의 모든 어린이들이 공통적으로 가장 많이 꾸는 꿈이 있다. 그것은 쫓기는 꿈이거나 벼랑에서 떨어지는 꿈이다. 크게 놀라거나 충격을 받지 않은 어린이들이 그런 꿈을 꾼다는 것은 바로 과거 기억의 창고에서 풀려나오는 실타래이다.

3. 십일면 관세음보살

사람의 눈을 마음의 창이라고 한다. 마음의 움직임은 눈빛을 통해 나타난다. 눈동자의 동공을 정밀 촬영하여 사방 1.5m쯤으로 확대해 놓으면 그곳에 마음의 상처들이 선명하게 찍혀 있는 것을 볼 수 있다고 한다. 어린 아이의 눈동자가 호수처럼 맑고 투명한 것은 아직 아무런 마음의 상처도 없기 때문이다. 도인의 눈빛이 빛나는 것은 마음의 응어리가 완전히 정화되어 동공의 상처들이 사라져 버렸기 때문이다.

경주 석굴암의 본존불 뒷편에는 십일면(十一面) 관세음보살이 계신다.

부처님의 얼굴을 중심으로 한 10개의 각기 다른 얼굴들은 마음의 퇴적층을 형상화시켜 놓은 것이다. 욕망의 얼굴, 슬픔의 얼굴, 분노의 얼굴, 공포의 얼굴이 있는가 하면 미소의 얼굴, 기쁨의 얼굴, 자비의 얼굴이 있다.

십일면 관세음보살은 인간 마음의 갖가지 얼굴을 분명히 보여주고 본래 청정한 부처의 얼굴을 깨닫게 하고자 하는 관세음보살의 크신 자비방편이다.

현대인의 얼굴 표정은 한결같이 굳어 있다. 이것은 좌절과 억압된 마음의 반영이다. 욕망의 층을 정화하고자 하면 웃어야 한다. 부처님의 미소처럼 밝게 사는 법을 터득해야 한다.

슬픔의 층은 불법을 배우고 진리를 실천하는 기쁨속에 정화된다. 우리가 너무 기쁘고 감격할 때 눈물이 나오는 것은 슬픔의 층이 정화되는 모습이다.

분노의 층은 자비의 마음으로 정화된다.

"자비의 마음이 깊어지면 성내고 원망함이 없으며 자비의 마음이 궁극에 이르면 남을 두려워하지 아니합니다. 저는 지금 자비심을 일으켰습니다. 세상을 보호하기를 내 몸과 같이 할 뿐입니다. 일체의 욕망에서 벗어나 청정함을 얻고자 하는 분은 나와 함께 부처님을 뵙도록 합시다."

유마거사의 딸 월상녀(月上女)가 자신에게 청혼을 해온 많은 청년들을 모아놓고 한 말이다. 그 아버지에 그 딸인가. 많은 청년들은 되돌아가고 몇 사람은 부처님께 나아가 불제자가 된다.

마지막 공포의 층은 부처님의 지혜광명에 의지해서 불생불멸의 진리를 깨닫고 미망의 생사(生死)에서 벗어나게 된다.

일체의 존재에서 부처의 모습을 보고 지금 눈앞에 찬란한 부처님의 광명을 생각한다. 모든 인연에 감사하고 염불하는 생활이 깊어지면 고체화된 마음이 기체화되어 온 우주에 퍼져나가 허공과 같은 부처님 마음을 깨닫게 된다.

삶은 끝없이 포기하는
일입니다

1. 행복의 걸림돌, '나쁜 놈'

1000명의 제자가 스승의 설법을 듣는다면 그 가르침의 핵심을 파악하는 제자는 100명이라고 한다. 가르침의 핵심을 파악한 100명의 제자 중에 그 가르침을 실천하는 사람은 10명이라고 한다. 가르침을 실천하는 10명의 제자 중에 가르침의 본질에 이르는 자는 1명이라고 한다. 스승은 바로 이 한 명의 제자를 위해서 법을 설한다고 한다.

도를 구하는 자는 소의 털처럼 많지만, 도를 성취하는 자는 소의 뿔처럼 귀하다. 모든 사람들이 고통은 싫어하고 행복을 원하지만, 불행한 사람은 소털처럼 많아도 행복에 이른 자는 소의 뿔처럼 귀한 것이 현실이다.

사람들이 한결같이 원하지만 행복하지 못하고 고통과 불행만이 생겨나는 것은 무슨 연유일까? 많은 대답이 있겠지만 근본적인 이유는 행복을 구하는 방식이 근본적으로 잘못되었기 때문이다. 보살의 방식을 따르지 않고 중생의 방식을 따르기 때문이다.

파괴되지 않을 진실한 행복을 원한다면 지금부터라도 자기중심적인 이기심을 깨뜨리고 대승의 마음을 받아들이지 않으면 안 된다.

우리말에 '나쁜 놈'이란 말이 있다. 그 말의 직설적 의미는 남이야 죽든 말든 나만 좋으면 그만이라는 '나뿐'에서 유래됐음 직하다.

이웃들로부터 '나쁜 놈'으로 손가락질 받으며 고통과 윤회의 오염된 싸이클에서 끝없이 헤매일 것인가, 기쁨과 축복이 꽃피어나는 보살의 길을 닦아갈 것인가는 전적으로 자신의 선택에 달려 있다.

　그대, 진실로 행복을 원하는가?

　'행복의 완성자', '자비의 완성자' 관세음보살을 우러러 명상하라. 관음의 형상은 대승불교의 보살들이 받들어 행할 바를 온몸으로 설법하고 있기 때문이다. 온화한 미소와 행복한 표정, 사랑의 눈매, 그리고 보석염주와 영락장엄의 화려하고 아름다운 꾸밈새가 있다.

　역사적으로 볼 때 대승불교운동은 재가불자들이 중심이 되어 일으킨 신앙운동이었다. 그래서 원시불교에서의 수행의 목표요, 공경의 대상인 아라한을 뒷전으로 물리치고 화려한 보관을 쓰고 비단 옷자락을 휘날리며 보살이 부각되었다.

　그것은 대중의 마음은 행복을 추구하지, 고행을 원하지 않는다는 뜻이다. 물론 지장보살과 같은 예외도 존재하지만, 그래서 대승의 보살은 대중과 함께 살면서 가장 행복하게, 가장 열심히, 가장 올바르게 사는 모습을 보여주어야 하는 것이다.

　비(悲), 지(智), 행(行), 원(願)의 네 가지 덕목은 보살이라고 불리우는 한국의 신도들이 받들어 행해야 될 행복의 법칙이다. 관음의 자비, 문수의 지혜, 보현의 행원, 지장의 서원을 통해서 완전한 인격, 완전한 행복을 성취하게 되기 때문이다.

　대승불교의 4대 보살 중에서도 가장 대표적인 보살, 관세음보살은 어떤 마음의 이치를 닦아 행복을 완성했는지 살펴보기로 한다.

2. 관음의 전생 이야기

인도 남쪽에 조그만 나라가 있었다. 그 나라에 장나(長那)라고 하는 부자가 예쁜 부인을 얻어 행복하게 살고 있었다. 한 가지 근심은 몇 년이 지나도록 자식이 없었는데 하루는 부인이 제단을 차리고 옥동자를 점지해 달라고 천지신명께 정성으로 기도를 모셨다. 그 인연공덕인지 바로 태기가 있어 잘생긴 아들을 낳고 삼 년을 지나 또 한 아들을 낳게 되었다.

그러나 두 아들, 조리와 속리가 10살과 7살 되던 해 어머니는 홀연히 병이 들어 숨을 거두고 말았다. 그 후 장나는 주위 사람들의 권유로 후처를 맞이하게 되었다.

이듬해 흉년이 들어 들판의 곡식을 하나도 수확하지 못하게 되자 장나는 집안 살림을 새 부인에게 맡기고 보물을 가지고 식량과 바꿔 오기 위해 이웃나라로 먼 길을 떠났다.

혼자 남게 된 새 부인은 '내가 장차 자식을 낳게 되면 저 아이들이 큰 장애가 되겠구나' 생각하고는 뱃사공을 매수하였다. 뱃사공은 뱃놀이를 구실삼아 두 아이를 싣고 멀리 무인도에 내려놓고는 돌아와 버렸다.

조리와 속리, 어린 두 형제는 온 섬을 헤매이다 추위와 굶주림에 지쳐서 서로 부둥켜 안고 쓰러졌다.

아우 속리가 새 엄마와 뱃사공한테 속아서 비참하게 죽게 되는 운명을 한탄하였다. 형이 아우를 위로하며 타일렀다.

"나도 처음에는 세상을 저주하고 사람들을 원망하였다. 그러나 어쩔 도리가 없지 않겠니. 차라리 우리가 다음 세상에 태어날 때에는 이 고통의 체험을 인연으로 우리와 같이 비운(悲運)

에 우는 사람들을 구원해주자. 다른 사람을 위로해주고 구원해주는 것이 바로 우리가 위로받고 구원받는 길인 것을 엄마에게서 배우지 않았니?"

형의 말을 듣고 있던 아우도 차츰 밝은 표정이 되어 하늘을 우러러 보며 거룩하고 크나큰 서원을 세웠다.

"우리는 여기서 죽더라도 내생에는 성현이 되고 보살이 되어 우리와 같은 처지에 놓인 불쌍한 사람들을 구원해주자. 또 세상에는 가난하고 병든 사람이 얼마나 많은가? 그들에게 의복과 양식을 주고 질병의 고통에서 벗어나게 해주자……."

하는 등의 서른 두 가지의 서원을 세우고 어린 두 형제는 서로 얼싸안고 추위와 굶주림으로 숨져갔다.

두 형제의 얼굴에는 조용하고 맑은 미소가 어리어 있었다고 한다. 이 섬의 이름이 보타락가산이며 형은 관세음보살이 되고 동생은 대세지보살이 되었다고 한다.

이같은 설화가 역사적 사실인가 아닌가를 묻는 것은 중생의 어리석음이다. 설화에서는 설화가 말하고자 하는 의미를 깨닫지 않으면 안 된다.

위의 설화는 인간의 진실을 그대로 표현하고 있다. 모든 인간은 주변 사람들로부터 관심의 대상이 되고 싶어하고 사랑받고 인정받고 싶어한다. 무서운 범죄를 저지른 범인들의 과거를 보면 한결같이 성장과정에서 사랑받지 못하고 인정받지 못한 상처난 마음들이 끔찍한 범죄행위로까지 발전해가는 과정을 보게 된다.

인간의 마음을 깊이 통찰한 대승의 불자들은 갖가지 사회악과 끔찍한 범죄, 청소년 탈선 등이 일찍이 자비의 마음으로 사랑의 손길을 펼치지 못한 자신의 허물임을 깨닫지 않으면 안 된다.

3. 수녀들의 환속 이유

오는 사람 막지 않고, 가는 사람 붙들지 않는 불교의 출가 수행자와는 달리 가톨릭의 수도자는 입회하기도 조건과 절차가 까다롭지만 다시 환속하기에도 몇 가지 절차가 따라야 하고 교황청에 오른 호적까지 정리되어야 한다.

서울의 모 수녀원에서 조사된 자료에 보면 수녀생활을 그만두고 환속하는 이유를 내용별로 분류해 놓았는데 그 중 첫번째는 '인정받지 못해서'라고 한다.

남녀노소 신분을 떠나서 자기의 위치에서 인정받지 못하는 사람은 항상 의기소침해 있기 마련이다. 공부하고 기능을 익히는 일도 사회로부터 인정받기 위한 노력이 아닌가?

이같은 인간의 진실에 눈뜬 자는 어떠한 말과 행동, 마음을 지녀야 할지가 분명해진다. 행복의 완성자 관세음보살은 바로 자신의 불행을 원망하지 않고 그같은 불행한 사람들을 구원하고자 발원한다. 도움을 바라기보다는 먼저 도움의 손길을 베풀고 관심의 대상이 되기보다 상대방에게 진실한 관심을 가져 줌으로써 자비와 행복의 완성을 실천한 것이다.

탄트라의 가르침에서는 "자기를 넘어뜨린 자를 딛고 일어서라"하였다. 그것은 자신의 슬픔과 고통을 통하여 중생들의 불행과 슬픔을 깨달아 구제하겠다는 열망을 의미한다.

4. 삶! 끝없이 포기하는 일

티베트불교의 수행법에도 구도자는 먼저 단단한 철갑으로 둘러싸인 이기적인 자아를 쳐부수는 데 초점을 맞추고 있다. 이 과정을 진지하게 수행하지 않고서는 무한공덕의 바다인 대승에의 입문은 이루어질 수 없는 것이라고 한다.

우리는 끝없는 윤회의 삶을 통하여 인연 있는 부모 형제들이 있다. 우리는 의식적으로 나와 남, 나의 가족과 남의 가족을 구별하지만 본질적으로 남이라는 개념은 존재하지 않는다. 그것은 지금 만나는 모든 이웃들은 바로 전생의 어머니 아닌 사람이 없기 때문이다. 여기 생명의 진실을 일깨우는 명상법이 있다. 여기 이기적인 마음을 이타적인 마음으로 전환시켜주는 자비의 명상법이 있다.

조용한 시간을 이용, 고요히 정좌한 후 윤회의 삶속에서 끝없이 고통받는 중생의 세계를 깊이 명상한다.

정좌한 자신의 왼쪽 무릎 아래로 어머니의 형제들이 앉아 있다고 생각한다. 그 안쪽으로는 친구들이 있다. 다시 오른쪽 무릎 아래에는 아버지의 형제들을, 그 안쪽으로는 스승들을 모신다. 그리고 양 무릎 사이 가운데에는 자기가 가장 미워하고 증오하는 원수를 앉게 한다.

그리고 원수를 포함한 지금 인연 맺어진 모든 이웃들이 나의 전생의 어머니였음을 명상한다. 어머니가 나를 위해 모든 것을 바쳐 희생했음을 명상하고 어머니들의 고통을 내가 대신 받고자 하는 뜨거운 열망을 일으킨다.

숨을 들이쉴 적에 어머니들의 괴로움이 한 줄기 검은 연기가 되어 콧구멍으로 들어와 가슴 한가운데 있는 자기만을 위하는 검은 마음을 짓이겨 버리는 모양을 명상한다.

다시 숨을 내쉬면서 자신이 이제껏 쌓은 복과 덕을 어머니들에게 바치고자 하는 원을 일으킨다. 그때 내쉬는 숨을 따라 희고 밝은 빛이 무릎 아래 어머니들을 비추면 아픈 사람은 건강해지고 불행한 사람은 행복해하는 모습을 분명하게 관상한다.

우리가 이웃을 위해 살아야 한다고 하지만 뿌리깊은 중생병인 이기적인 자아의식을 변화시키지 못하고서는 그 어떤 수행도 진전이 없다.

초기불교의 기본수행법인 수식관과 자비관의 이상적인 조화를 통하여 대승의 마음을 일으킨다.

한국의 선 수행자들이 피나는 정진속에 자기 체험의 세계를 맛보지만 그 체험이 생활속에 지속적으로 연결되지 못하는 것은 서원이 부족하고 자비심의 계발에 소홀했기 때문이다.

원고를 쓰는 중에 전화가 울린다. 서울의 아는 보살님이다. 한 사람의 주부로서 자식과 남편과의 관계에서 생겨나는 어려움을 말한 그는 "사는 일이 끝없이 포기하는 일 같아요" 한다.

"그렇습니다. 삶은 바로 끝없이 포기하는 일입니다. 그러나 우리들은 정작 포기해야 할 것은 포기하지 못하고 포기 안 해도 좋은 것들만 포기하는 경향이 있지요. 물질과 인간에 대한 포기는 자기회피의 몸짓일 수도 있습니다. 대원(大願)을 일으킨 불자는 사사로운 자기 감정과 사사로운 자기 욕망을 포기하고 이기적인 마음을 포기하는 일이 돼야 합니다."

불교 최상의 가치는 이욕(離欲), 즉 자기 욕구와 자기 욕망을 벗어난 청정환희의 세계를 깨닫는 것이다.

관(觀)을 자재(自在)하면
보살이 됩니다

1. 참으로 부끄러운 일, 자기 본성에 대한 무지

"제가 이제 아름답고 향기로운 꽃을
고귀하신 부처님께 공양 올립니다
원컨대 이 작은 공덕으로
나의 삶 또한 아름답고 향기 넘치기 발원합니다
지금 아름다운 이 꽃이 이내 시들어 가는 것 같이
우리의 젊음도 늙음과 죽음을 향해 달려갑니다
이같은 무상의 이치를 깊이 깨달아
게으르지 않고 불도에 정진하여
니르바나, 열반을 성취하겠습니다"

법당에 꽃공양 올리는 불자들에게 낭송하도록 일러주는 게송이다.

오늘은 아름다운 꽃이 며칠 후에는 쓰레기통으로 들어가고 말듯이 인간의 삶도 숨쉬는 동안 인간이라 불리우고 숨 떨어지면 시체가 되어 흙속이나 화장막에 들어가게 된다.

부처님께 꽃공양 올리는 일은 아름다운 일이지만 보다 고귀한 마음은 꽃 속에서 쓰레기를 보고 쓰레기 속에서 꽃을 피울 수 있는 마음이다.

삶을 사랑하는 것은 소중한 일이지만 보다 고귀한 일은 죽음을 두려워하지 않는 일이다.

인도의 서민들은 집 안에 화장실이 따로 없고 화장지가 필요 없다. 알미늄 물병을 들고 들판이나 길가에 쭈그리고 앉기만 하면 되기 때문이다.

수년 전, 인도여행 중에 그같은 광경을 많이 목격하고 카메라에 담기도 한 필자는 아쉬람에서 한 인도인과 대화하는 자리에서 물었다.

"길가에서 용변을 보는 것은 비위생적이고 부끄러운 일이 아닙니까?"

그 인도인이 여유 있게 웃으면서 대답하였다.

"우리는 용변을 보는 것이 아니라 개와 돼지들에게 공양을 올리고 있는 중입니다. 그것은 전혀 부끄러운 일이 아니지요. 사람들은 정작 부끄러워 할 일은 부끄러워 하지 않고 부끄러워 하지 않아도 될 일은 부끄러워 합니다. 용변보는 일을 부끄러워 한다면 먹고 마시는 일도 부끄러워 해야 할 것입니다. 향기로운 오렌지와 달콤한 빵이 당신의 뱃속을 한 번 통과함으로 해서 냄새 나고 더러운 오물이 되었다면 이 육신을 부끄러워 해야 될 것이다. 인간이 참으로 부끄러워 해야 할 일은 자신의 육신만을 꾸미는 일이요, 자신의 참된 본성에 대해서 무지한 일이 아닐까요."

참으로 당당하고 거침없이 답변하는 그의 눈빛은 우리의 관념을 여지없이 짓이겨 버리기에 충분했다.

이제 경전을 보자.

만약 탐심이 일어나거든 마땅히 육신의 부정을 관하라. 왜냐하면 탐욕을 떠나기 위해서이다.

〈가섭품〉 24

중생의 세 가지 병이 있으니 탐욕과 성냄과 어리석음이 그
것이다. 부정관은 탐욕의 약이 되고, 자비관은 성냄의 약이
되며, 연기를 관하는 인연관은 어리석음을 지혜로 바꾸는 약
이 된다.

〈교진여품〉25

2. 한 잔의 차에서 바다를 본다

우리 불자들이 늘상 독송하는 《반야심경》을 베트남의 선사 틱낱한이 주석하였다.

반야심경의 주석이 실린 《평화로움》에서 그는 연기의 세계를 아주 감성적인 언어로 표현하고 있다.

"만일 당신이 시인이라면 당신은 이 한 장의 종이 안에서 구름이 흐르고 있음을 보게 될 것입니다. 구름이 없이는 비가 없으며 비 없이는 나무가 자랄 수 없습니다. 그리고 나무가 없이 우리는 종이를 만들 수가 없습니다. 만일 구름이 없었다면 이 종이도 여기에 있을 수 없습니다. 우리가 종이 안을 더욱 더 깊게 들여다 보면 그 안에서 햇빛을 보게 됩니다. 햇빛이 그 안에 없다면 숲은 성장할 수 없습니다.

종이를 계속 들여다 보면 우리는 그 나무를 베어 제재소로 운반해간 나무꾼을 보게 됩니다. 우리가 이런 식으로 바라볼 때 이 모두가 없이는 이 한 장의 종이가 존재할 수 없음을 보게 됩니다. 더욱 더 깊이 들여다 보면 우리들이 그 안에 있음

을 보게 됩니다. 우리가 그 종이를 보고 있을 때 그 종이는 우리 지각의 일부인 것입니다. 당신의 마음과 내 마음이 이 안에 있습니다. 그러므로 모든 것이 이 종이와 함께 있다고 우리는 말할 수 있습니다."

그렇다. 한 장의 종이는 사실 종이가 아니다. 그것은 바로 우주 전체이다. 우리가 한 장의 종이를 소홀히 할 수 없는 것은 단순한 절약의 차원만은 아니다. 그 속에 우주의 생명이 깃들여 있고 부처의 생명이 함께하고 있기 때문이다.

생전의 구산선사께서는 찾아오는 신도들에게 차를 대접하면서 한 잔의 차 속에서 바다를 보라고 하셨다. 이제 관자재보살을 염불하는 불자들은 한 잔의 차를 앞에 두고 바다는 물론 바다 위의 갈매기 소리까지 들을 수 있으리라.

우리말 사투리에 '삭신이 쑤신다'는 말이 있다. 삭신의 어원은 사대색신(四大色身 : 지·수·화·풍으로 이루어진 몸)에서 유래된 말이다. 나이먹거나 병이 들면 우리 몸을 이루고 있는 원소가 조화를 잃어버리기 때문이다.

죽은 이를 위해 재를 모실 때에 향과 촛불을 켜고 청수와 과일 등을 올린다. 영가의 사진 앞에 시설된 공양구의 본질적인 의미는 바로 물질의 4원소, 지(地)·수(水)·화(火)·풍(風)의 상징이라고 한다.

향은 바람의 기운, 촛불은 불의 기운, 청수는 물의 기운, 과일과 진수는 흙의 기운을 상징하여 영가로 하여금 육신과 권속, 재산과 명예에 대한 집착을 떨쳐버리고 부처님의 광명에 의지하여 실상법계(實相法界)를 깨우치게 한다.

《반야심경》은 불법의 핵심이라고 불리우지만 반야심경의 핵심은 '관자재보살' 한 마디에 담겨 있다. 그것은 관(觀)을 자재(自在)하면 보살이 된다는 것이다.

관(觀)에 내관(內觀)과 외관(外觀)이 있다. 내적으로는 정신의 4대요소, 수(受)·상(想)·행(行)·식(識)을 분명히 통찰하여 자아(自我)없음, 무아(無我)를 깨닫고 외적으로는 지·수·화·풍의 4대원소가 인연화합으로 구성되어 있음을 통찰하여 오직 부처님의 광명뿐인 실상을 통찰하여야 한다.

내관과 외관을 통하여 무상과 무아를 깨달을 때 '나라는 아상(我相)' '남들과 나누어진 나가 있다는 인상(人相)' '중생이란 관념 속에 사는 중생상(衆生相)' '목숨 가진 나라고 하는 수자상(壽者相)'을 떠난 보살이 된다. 나와 남을 둘로 생각하는 사람은 보살이 아니기 때문이다.

출가의식을 행하는 의식문에 '기은입무위(棄恩入無爲) 진실보은자(眞實報恩者)'라는 구절이 있다. 은애(恩愛)의 얽매임을 끊고 공(空), 무위(無爲)에 들어가는 것이 진실한 은혜 갚음이라고 하였다. 한국의 스님들은 보통 부모 가슴에 못을 박고 출가를 단행하는데 태국 스님들의 출가 동기는 부모의 은혜를 갚기 위해서 출가 수행의 길을 택한다고 한다. 부모 형제를 버리고 출가한 것은 일체중생을 부모처럼 평등하게 섬기기 위해서인 것이다.

관자재보살의 총체적 의미는 이원적 대립을 넘어선 불이(不二), 평등의 절대적 사랑의 실현이다.

나무 관자재보살 마하살!

3. 물 속의 달을 붙잡으려 하는가?

몇해 전 미국 뉴욕의 국제미술시장에서 14세기 고려불화인 수월관음도(水月觀音圖)가 13억원에 경매되어 고려불화에 대한 국민적 관심을 불러 일으켰었다.

관세음보살의 다양한 명호와 형상들은 중생들을 본질적인 명상으로 이끌기 위한 방편임을 말한 적이 있다.

수월관음은 물 속에 비친 달을 건지려 하는 중생의 무지를 깨우쳐 고난을 구제해주는 지극히 사색적인 보살님이다.

며칠 전 저녁예불을 마치고 연못의 개구리 소리에 귀기울이고 있는데 아랫마을 사람이 큰 개를 한 마리 데리고 올라왔다. 씩씩거리며 마당을 한 바퀴 뛰어 다니던 개가 선원쪽의 골짝을 향해 몇번 짖자, 빈 골짜기에서 메아리가 울려 왔다. 맞은편 골짝에서 울려오는 커다란 소리에 깜짝 놀란 개는 꼬리를 감추고 뒤로 물러서며 계속 짖어대고 있었다.

자기 메아리에 놀라 짖어대는 개를 보고 한참 웃다가 문득 생각하였다. 그것이 바로 우리 중생의 모습임을…….

마음의 법칙은 내게서 나간 것이 내게로 다시 돌아오는 것이다. 내 주변의 좋은 친구, 나쁜 친구, 행복과 불행, 기쁨과 고통 등은 나의 행위에 대한 그림자에 행당되는 것이다.

마음의 법칙을 공부하는 불자들이라면 고통과 불행이 찾아올 때에는 이것으로 과거에 지은 나의 미숙한 업보가 소멸된 것을 알고 감사해야 한다. 내 앞에 나타나는 고통과 행복을 통해서 우리는 자신을 성찰하는 지혜를 키워가야 한다. 어떤 고통과 불행도 한생각 바로 하면 고통은 크나큰 내적인 성숙을 가져온다.

　일체 현상은 마음의 그림자에 지나지 않는다. 마음의 그림자라는 말은 우리가 마음먹기에 따라서 현상은 얼마든지 변화한다는 것을 말한다.

　반야경의 주석서 《대지도론》6에 일체 현상을 10가지로 비유하였다. 그것은 환상, 불꽃, 그림자, 거울 속의 형상, 물 속의 달, 허공, 메아리, 신기루, 꿈, 환화(幻華)와 같다고 하였다.

　변화무상한 현상을 변화무상한 줄 바로 알면 현상에 마음이 매이지 않고 자유로워진다. 마음이 어디에도 매이지 않고 자유롭게 되는 것, 그것이 참된 해탈이다.

　물 속의 달을 붙잡으려 하고 그림자만을 좇기 때문에 중생들의 마음은 언제나 혼란스럽다.

　모든 장애는 마음에서 생겨남을 알면 마음이 사라질 때 모든 장애 또한 사라지게 된다. 수월관음은 가장 여유로운 자태로 우리에게 삶의 본질을 일깨워 준다.

　나무 수월보살 마하살!

염불행자의 생활원리

1. 자비의 집, 인욕의 옷

불교는 배우면 배울수록 하나의 진실과 만나게 된다.

그것은 바로 불교는 불교가 아니라는 것.

도원선사는 말한다.

"불교를 배운다는 것은 바로 자기를 배우는 것이다. 자기를 배운다는 것은 자기를 비우는 것이다. 자기를 비운다는 것은 천지만물과 하나가 되는 것이다. 천지만물과 하나가 된다는 것은 너와 내가 없는 하나의 생명을 깨닫는 것이다."

불이(不二), 일체 존재가 둘 아닌 하나의 생명임을 깨달은 사람은 어떻게 살아야 되는가? 또 하나의 생명을 깨닫기 위해서는 어떻게 살아야 될 것인가? 염불행자는 자신의 내적인 성숙뿐 아니라 우리 사회를 위해 크게 도움될 생활방식을 실천해야 한다. 염불행자는 먼저 불살생의 4대원칙을 실천해야 된다.

첫째 살아있는 일체 생명에 대한 한없는 자비의 마음을 일으켜야 한다. 나의 가까운 이웃뿐만 아니라 나의 원수까지도 전생의 어머니였음을 명심해야 한다.

모든 남자는 나의 아버지이며
모든 여인은 나의 어머니이다

《범망경》의 말씀이다.

이 말씀을 깊이 명상하면 생명에 대한 끝없는 연민의 마음이 솟구치게 된다.

남이 나를 몰라준다고 걱정하지 말고 내가 남을 모르는 것을 걱정해야 한다. 상대방을 해치는 것은 바로 자신을 해치는 것이고 상대방을 살리는 것은 바로 자신을 살리는 일이다.

자비심의 증장은 이기적인 아집을 소멸시키고 상대방을 근본적으로 변화시키는 최상의 무기이다.

둘째, 말로써 상대방의 마음에 상처를 주어서는 안 된다.

불자는 부처님을 닮아야 한다. 화안애어(和顔愛語), 《무량수경》의 말씀이다. 항상 온화한 얼굴과 상냥한 말씨로 이 세상의 꽃이 되라는 뜻이다.

인간은 하루종일 사람과의 관계 속에서 존재한다. 대인관계가 원만치 못한 사람은 삶의 고뇌도 깊어지게 마련이다. 대인관계는 한 마디 말을 통해서 가까워지기도 하고 멀어지기도 한다. 자기를 다스리고자 하는 사람은 먼저 자기의 혀를 다스릴 수 있어야 한다.

나와 남이 둘 아님을 자각한 사람은 상대방의 허물을 나의 허물로 여기고 부끄러움을 느껴야 한다. 열 가지 잘못하는 사람도 한 가지 잘하는 면이 있게 마련이다. 사랑의 마음으로 한 가지 장점을 칭찬해 주어야 한다. 비난의 말, 원망의 말을 통해서 스스로 비난받고 원망받는 사람이 된다. 사랑의 언어, 찬탄의 언어를 통해서 스스로 사랑받고 칭찬받는 사람이 된다.

셋째, 물질을 죽이지 말아야 한다.

한 선원에서 조실스님이 운수납자들을 질책한다.

"지금 화장실에서 오는 길이다. 날이 밝았는데도 전등이 있는 대로 켜져 있고 수도꼭지에서도 물이 흘러 넘치고 있다. 도대체 좌선은 해서 무엇하자는 것인가. 물도 전기도 부처의 생명이야.

화두를 깨쳤다 해도 부처의 생명을 소중히 여기지 못하는 사람은 뭔가 잘못된 것이야! 한 방울 물도 소홀히 하지 않고 신발 하나 벗는데도 깨어 있는 정신으로 바르게 벗어 놓아야 해. 바로 이것이 좌선을 하는 목적이야."

우리가 물자를 절약하고 검소한 생활로 돌아가야 하는 것은 물질은 물질이 아니고 바로 부처의 생명이기 때문이다. 이같은 이치는 바로 만업(萬業)이 불도(佛道)임을 말해준다. 어떤 직업에 종사하든 자기가 하는 일에 열과 성을 다할 때 그 일이 바로 불도수업이 된다.

또한 물질로써 자기를 과시하고자 함은 심리적으로는 열등의식의 표현이며 상대방의 기를 죽이고 불화를 가져오는 요인이 된다. 물질의 낭비는 시간의 낭비이며 시간의 낭비는 인생의 낭비로 이어진다.

넷째, 시간을 죽여서는 안 된다.

인간의 삶은 소중한 것이다. 소중한 인간의 삶에서 고귀한 불법의 진리를 만난 것은 더욱 소중한 인연이다. 이 소중한 인연을 더욱 빛나게 하려면 불도의 정진에 게으르지 말아야 한다.

부처님은 마지막 설법에서 불방일 정진(不放逸精進)을 당부하신다. 불방일은 게으르지 말라는 뜻인데 본질적인 의미는 의식의 각성 상태, 즉 늘 깨어 있으라[正念, Sati]는 가르침이다.

의식의 각성을 놓치면 인간은 감각적 욕망의 노예가 되어 방일에 빠지고 나태를 즐기게 된다. 방일이란 해야 할 일을 하지 않고 게으르다는 뜻으로, 의식의 각성을 놓치면 주부로서, 가장으로서, 불제자로서 해야 될 일을 하지 못하게 됨을 말한다.

나태에 빠진다 함은 안 해야 될 일을 즐기게 됨을 말한다. 계율을 파하고서도 부끄러운 줄 모르게 되는 것이다.

나태와 방일에 빠지면 필연적으로 해태에 이른다. 계율을 받아지니고 수행의 이치를 배웠지만 실천하지 않는 것, 이것을 해태라고 한다.

게으름은 죽음의 길이요, 정진은 삶의 길이라고 가르치신 부처님의 가르침을 따라 의식을 끝없이 고양시켜 이 몸으로 불멸의 감로를 얻어야 한다.

부처님께서는《열반경》에서 방일한 자의 13가지 허물을 말씀하신다.

1. 세상의 착하지 못한 업을 짓게 된다
2. 무익한 말을 하게 된다
3. 수면에 탐착한다
4. 세상사에 끝없이 탐착한다
5. 악한 벗을 가까이 하게 된다
6. 항상 게으르고 느리다
7. 항상 남에게 업신여김을 받게 된다
8. 듣는 것이 있어도 곧 잊어버린다
9. 항상 나쁜 환경에 처해 있게 된다
10. 자기의 감각기관을 다스리지 못한다
11. 음식의 감사함을 모른다
12. 고요한 환경을 견디지 못한다
13. 소견이 바르지 못하다

"만일 방일한 사람은 부처님과 불제자에 가까워졌다 할지라도 오히려 멀어진 것이니라."

방일을 경책한 부처님의 말씀이다.

2. 염불행자의 생활원리

염불선을 수행하는 염불행자의 생활원리를 다시 한 번 요약 정리한다.

첫째, 사랑과 헌신을 통한 오염된 마음의 정화이다.

염불행자는 어떤 상황에서도 사랑과 연민의 마음을 잃지 말아야 한다. 태양이 어둠을 몰아내듯 자비심은 이기적인 자아를 소멸시켜 마음의 해방을 가져온다.

둘째, 수희찬탄을 통한 언어생활의 정화이다.

원망하는 말, 질투의 말을 감사의 말, 찬탄의 말로 전환해야 한다.

셋째, 소유욕의 소멸을 통한 인간관계와 환경의 정화이다.

정욕을 타고 흐르는 욕망의 에너지가 통로를 잘 맞추면 헌신의 마음으로 전환된다. 감각적 욕망을 다스려 본질적으로 나도 없고〔無我〕 나의 것도 존재하지 않는〔無所有〕 본래없는 나의 모습을 깨닫고 물질적 과시와 존경을 받으려는 미혹된 마음에서 벗어난다.

넷째, 방일과 나태에 빠지지 않고 의식의 각성을 통한 의식 자체의 정화이다.

강물처럼 삶은 흐르고 온갖 삶 속에 들어가 초연한 관찰자로서 해탈의 삶을 살아간다.

이 세상에는 6가지 힘이 존재한다.
울음은 아기들의 힘이고 질투는 여인의 힘이다.
교만은 권력자의 힘이고 인욕은 수행자의 힘이다.
정진은 아라한의 힘이고 자비는 부처님과 보살의 힘이다.

《증일아함경》31에 나오는 부처님의 설법이다.
불자들이 자비의 집을 떠나지 않고 인욕의 옷을 여의지 않는다면[慈室忍衣] 가는 곳마다 부처의 집이요, 만나는 사람마다 불법을 찬탄하게 될 것이다.
자비의 집을 떠나지 않음은 바로 깨달음의 삶이요, 인욕의 옷을 여의지 않음은 바로 수행자의 삶이다.

마음의 해방, 관음의 명상

1. 관세음보살을 화나게 하는 염불

염불기도만을 10년간 계속해 온 ○○보살이 있었다.

전국의 대소사찰을 찾아 다니며 백일기도에 동참하고 집 안에도 기도실을 마련, 관세음보살을 봉안하고 하루 세 번씩 기도를 하였다. 겉으로 보기엔 신심이 지극한 불자이지만 이기적인 마음과 조급한 성질은 조금도 변화되지 않았다.

한 친구가 그 보살의 잘못된 신심을 고쳐주기 위해 그 보살이 기도하는 법당으로 찾아갔다.

법당을 들여다보니 보살은 "관세음보살"을 부르면서 부지런히 큰 절을 올리고 있었다. 친구는 법당문을 두들기며 큰소리로 "○○보살님! ○○보살님!" 하고 불러댔다.

기도시간에 자기를 부르는 소리를 듣고 그 보살은 화가 치밀어 올랐다.

그러나 자기를 부르는 소리를 무시하고 관세음보살을 계속 부르며 절을 하였다. 뒤도 돌아보지 않고 기도에만 열중하는 모습을 본 친구는 더욱 큰 소리로 "○○보살!"을 불렀다. 더 이상 참을 수가 없게 된 그 보살은 염불을 그치고 법당 밖의 친구에게 화를 냈다.

"왜 보살님은 남의 기도시간에 내 이름을 그렇게 불러댑니까?"

"보살님! 제가 보살님 이름을 겨우 10분간 불렀는데 보살님은 그렇게 화를 내십니까? 그러면 생각해 보십시오. 보살님은 관세음보살을 10년간이나 불러댔으니 관세음보살님이 얼마나 화가 났겠습니까?"

업력입생사(業力入生死)
정력출생사(定力出生死)
이기심이 바탕이 된 수행은 생사의 근본이 되고
번뇌를 여의고 삼매를 얻어야 생사에서 벗어난다

마음공부를 위해 염불과 좌선을 권하지만 이기심이 바탕이 된 신앙과 수행은 새로운 업(業)을 쌓아 갈 뿐이다.
관세음보살만 불러댄다고 해서 자비심이 깊어지는 것은 아니다. 자비의 화신, 관세음보살과 영적인 교류를 원하는 불자라면 관세음보살의 마음의 특성에 초점을 맞추어야 한다. 또한 일정한 사유와 명상을 통해 이들 특질을 체계적으로 개발해 나가야 한다.
번뇌와 고통의 마음으로 관세음보살을 불러서는 안 된다.
사사로운 욕망의 마음으로 관세음보살을 불러서는 안 된다.
관세음보살을 통해 일체의 두려움에서 벗어나고 마음을 해방시켜 광명의 몸을 깨닫고자 하는 분들을 위해 관음의 명상을 소개한다.

2. 자비의 명상, 관음의 명상

관상법(觀相法), 하나

관세음보살을 염불하는 불자는 먼저 관음의 형상을 분명하게 관찰한 다음 내 자신이 관음의 몸 속으로 들어가 관음과 하나가 되어야 한다.

관세음보살과 하나가 된 자신의 몸을 분명히 자각하면 먼저 이마 위에 모셔진 부처님의 몸으로 방사되는 광명을 통해 나의 몸이 빛으로 변화해 버리는 것을 느껴야 한다. 나의 몸과 마음이 사라져버리고 부처님의 금색 광명만이 충만한 세계를 관한다. 이를 실상관(實相觀)이라고 한다. 자성(自性)이 공(空)한 줄 알지 못하면 아무리 참선을 해도 이익이 없다고 하였다.

경전은 말씀하신다.

일체 바다와 같은 업장은 모두 망상에서 생겨난다. 만일 참회하고자 하면 단정히 앉아서 실상(實相)을 생각하라. 여러 가지의 죄업은 서리나 이슬과 같아서 지혜의 광명이 능히 녹여 없애느니라.

《관보현경》

백천만 겁 동안 익히고 익힌 묵은 업장이 실상(實相)을 관함으로 즉시에 소멸된다.

《보적경》

중생의 삶은 무지의 어둠 속에서 넘어지고 부딪히면서 살아간다. 나와 남을 분별하며 마음의 갈등과 번민이 잠시도 쉴 틈이 없다. 삶을 고통스럽게 하는 근본원인은 내 안에 깃든 생명의 빛을 깨닫지 못하기 때문이다.

관세음보살과 하나 되어 이마 위의 부처님 광명에 휩싸일 때, 고통과 번민은 무지의 어둠속에 생겨난 착각 현상임을 깨닫게 된다. 나의 몸도 마음도 떨쳐 잊어버리고 오직 무한광명의 세계를 관상하면서 지극한 마음으로 '관세음보살'을 염불한다. 염불하는 내가 따로 있지 아니하고 염불 자체가 내가 되어야 한다.

관상법(觀相法), 둘
호암미술관에는 소중한 고려불화가 몇 점 소장되어 있다. 그 중 아미타불을 본존으로 지장보살과 관음보살이 좌우로 모셔진 불화가 있다. 그림의 아랫부분에는 염불왕생자를 아미타불이 광명으로 비추고 관음보살이 허리를 구부려 연꽃방석으로 맞이하는 모습이 있다.
이 같은 불화의 모습은 염불명상의 근본이 된다.
관세음보살이 연꽃방석 위에 앉아 계시듯 내 자신이 한 송이 연꽃 위에 가부좌하고 있는 모습을 생각한다. 그때 거룩한 부처님이 한 줄기 광명을 놓아 내 자신을 비추어 주는 모습을 관상한다.
부처님의 광명속에 공기처럼 가벼워진 나의 몸을 느낀다. 부처님의 광명 속에 어둠과 불행, 질병의 그림자는 흔적도 없이 사라져 버림을 느낀다. 부처님의 광명 속에 부처님의 영원한 생명이 흘러들어옴을 느낀다. 부처님의 광명 속에 감사와 기쁨의 마음으로 두 손을 모아 염불을 한다. 불자들은 항상 부처님의 빛 안에서 살고 부처님이 지켜보고 계신 것을 알고 두려움 없이 진리를 실천한다.
부처님의 광명 속에 번뇌와 미망의 나는 사라지고 내 안의 불성(佛性)이 깨어나서 염불함을 자각한다. 내가 염불해서는 안 된다. 내 안의 부처가 염불하게 해야 한다. 부처가 부처를 불러서 성불해가는 것이다.

시방세계의 어떤 중생이든지 아미타불과 극락왕생의 믿음을 일으켜 "나무아미타불"을 염불하면 극락의 연못에 연꽃이 한 송이 피어나게 된다.

그리고 연꽃송이 앞에 자기의 이름이 씌어지고 염불하는 만큼 연꽃이 자라나서 세상 인연이 다하면 극락의 연꽃에 태어나게 된다. 이를 왕생연태(往生蓮胎)라고 한다.

연꽃 위에 앉아 부처님의 광명속에 염불하는 사람은, 몸은 세속에 머물지만 그 마음은 이미 극락의 사람이다. 염불을 마치고 세상을 향할 때는 스스로 극락 사람임을 깨닫고 세상 사람들의 이익과 행복을 생각한다.

세상을 원망하지 말고 세상 사람과 다투지 말고 부처님의 자리에서 관음의 눈으로 세상의 삶을 바라보아야 한다.

개인적인 소망으로 관세음보살님께 절하던 마음을 돌이켜 스스로 관음이 되어 나에게 예배하는 많은 이웃들의 갖가지 고통과 소망에 귀기울인다. 이웃의 고통에 귀기울이고 자비의 손길을 펼칠 때 관세음보살의 위신력 아래 일체의 업장이 소멸된다.

관세음보살 멸업장진언
"옴 아로늑케 사바하"

여기에 소개되는 명상법들은 그냥 읽기만 해서는 큰 의미가 없다.

지극한 마음으로 반복해서 수련할 때 나의 관점을 떠나 우주의 관점에 서 있는 자신을 보게 될 것이다.

살아서는 율법을 받들고(生奉律法)
죽어서는 정토에 나리니(死往淨土)
염불법에 귀의한 불자는(念佛行者)
걸림없이 한길을 따른다(無碍一道)
나—무—아—미—타—불

계율을 지키면 고통이 사라진다

1. 좋은 일 하려고 애쓰기보다는

인류 역사상 가장 큰 제국을 건설한 이는 징기스칸이다. 징기스칸이 대몽골을 건설하고 영웅의 칭호를 들을 수 있었던 것은 야율초재(耶律楚材)라는 명재상을 얻었기 때문이다. 금나라의 관리였던 초재는 나라의 몰락을 예상하고 관직을 떠나 조동종의 선승 만송행수(萬松行秀) 문하에서 오직 선수행에만 몰두했다. 그는 3년만에 득도, 스승으로부터 담연거사(湛然居士) 종원(從源)의 호와 깨달음의 인가를 받았다.

담연거사 초재는 선수행을 통해서 얻은 통찰과 지혜로써 징기스칸에게 수시로 직언하였다.

"무력으로 천하를 얻을 수는 있습니다. 그러나 무단정치로는 천하가 다스려지지 않습니다. 몽고가 몽고 자신의 높은 문화를 갖지 못하면 무단정치는 거꾸로 몽고가 다른 나라에 흡수당하는 결과를 낳게 됩니다."

걸핏하면 무력만능을 주장하는 징기스칸에게 한 초재의 첫 충고였다. 선의 깨달음을 증득한 담연거사가 징기스칸에게 일러준 가르침 중에 우리 불자들이 가슴속에 새겨둘 만한 한 구절 게송이 있다.

"좋은 일 하려고 애쓰기보다 좋지 않은 습관 하나 고치는 데 힘을 쏟고, 새로운 일 시작하기보다 지금 하는 일 한 가지를 덜어냄이 좋다."

2. 계율을 지키면 고통이 사라진다

우리 시대가 이렇게 혼란스러운 것은 어쩌보면 나쁜 습관 하나 고치지 못하면서 좋은 일 하려고 나서는 사람들 때문이 아닐까?

우리 불교가 이렇게 본래 모습을 잃어가는 것 또한 비우고 맑히는 일보다 먼지 위에 먼지를 쌓아가는 일에만 정신을 쏟고 있기 때문이 아닐까?

우리들의 좋지 않은 습관, 이것이 바로 인간의 숙업이며 우리들의 까르마(Karma, 業)이다. 까르마의 뿌리는 깊고도 깊어서 잡초처럼 끝없이 돋아나서 우리를 고통스럽게 한다. 인간의 까르마는 자기 자신에 대한 불신으로 이어진다. 자신을 불신하는 사람은 상대방에게 신뢰감을 줄 수 없다. 자신감을 회복하고 진정한 삶의 용기를 회복하는 일, 그것은 부처님의 계율을 받아지니는 일이다.

부처님의 계율은 자신의 욕망을 이길 수 있는 인간을 만들어 준다. 부처님의 계율은 자신의 외로움을 불심으로 승화시켜 준다. 부처님의 계율을 받아 지닌다는 것은 부처님께 나의 목숨을 시주한다는 것이다. 나는 죽고 나의 덧없는 목숨을 바쳐서 부처님의 영원한 생명을 얻는 것이다.

부처님의 계율을 받아 지닌다는 것은 내가 부처님의 몸에 들어가고 나의 몸에 부처님을 모시는 일이다. 계율을 잘 지켜온 사람은 어떤 상황에 닥쳐도 결코 두려워 하지 않고 용기를 잃지 않는다. 청정한 계율을 지니는 불자라야 능히 불법의 기둥을 올바로 세울 수가 있고 정법을 널리 펼 수가 있다.

선(禪)은 부처님의 마음이요, 교(敎)는 부처님의 말씀이며, 율(律)은 부처님의 행실이라고 하였다. 계율을 받아 지닌다는 것은 바로 부처님의 행을 수행하는 것이다. 우리가 생명 있는 존재라는 것은 이미 부처의 존재라는 것이다. 이제 수행하여 부처가 되는 것이 아니라 수행하는 모습이 바로 부처님의 모습이다. 부처님 행이 곧 부처님이기 때문이다.

우리 한국불교의 현실을 보면 계법을 설하는 도량도 많고 계를 받는 불자도 많은데 계율을 실천하는 이는 참으로 희귀하다. 계율을 받는 불자는 소의 털처럼 많아도 계율을 지키는 이는 소의 뿔처럼 귀하다. 계율을 지키다 지옥에 갈 지언정 계율을 깨뜨리고 극락가기 원치 않노라시던 자운율사의 지계정신이 그리워지는 요즘이다.

재가불자들의 항변은 사회생활 속에서 계율은 여러 가지로 불편하다는 것이 이유이다. 그러나 이같은 생각이야말로 우리 중생들의 착각이요, 전도몽상이 아닐 수 없다. 사실은 우리들이 계율을 바르게 지니지 못하기 때문에 여러 가지 불편이 생겨나고 대인관계에 장애가 나타나는 것임을 알아야 한다.

경전의 가르침에 입각하여 재가불자들의 기본계율인 오계를 지키지 않았을 적에 감수해야 될 불편과 장애를 알아본다.

재가불자의 기본계율 오계(五戒)
1. 살생하지 않고 자비심을 가지리다
2. 도둑질하지 않고 복덕을 지으리다
3. 삿된 음행하지 않고 청정행을 닦으리다

4. 거짓말하지 않고 진실을 말하리다
5. 술 마시지 않고 지혜를 키우리다

첫째, 사람의 목숨을 죽이거나 생명을 함부로 해칠 때 다음과 같은 불편한 결과를 초래한다.
① 눈, 귀, 코나 관절 등에 이상이 생기거나 병신이 된다
② 평생을 두고 병고에 시달린다
③ 남에게 불쾌감을 주는 관상을 타고 나게 된다
④ 매사에 능률이 오르지 않는다
⑤ 작은 위험 앞에서도 지레 겁을 먹거나 광기를 부린다
⑥ 남의 손에 죽거나 제 손으로 목숨을 끊는다
⑦ 친구가 없고 애인도 없다
⑧ 사고사를 당하는 등 천수를 누리지 못한다

둘째, 도둑질하는 사람은 다음과 같은 액운이 따른다.
① 항상 빈곤한 생활에서 벗어나지 못한다
② 장애가 많고 고통이 많다
③ 항상 불만족으로 불평불만이 많다
④ 사업상 손해보는 일이 많이 발생한다
⑤ 망나니 자식을 두게 된다
⑥ 심술궂은 어른을 모셔야 된다

셋째, 남녀간의 불성실은 다음과 같은 불길한 조짐이 따른다.
① 적개심을 품은 사람들이 가까이 끼어든다

② 수많은 적과 원수를 만들게 된다
③ 노력에 비해 보상과 수입이 턱없이 작다
④ 마음의 평화와 행복감이 사라진다
⑤ 짐승으로 태어나거나 인간의 몸을 받더라도 보잘것없는 집안에 태어나게 된다
⑥ 창피와 모욕을 수없이 감당해야 된다
⑦ 인격적 결함이 두드러지게 눈에 띈다
⑧ 자잘한 근심걱정이 끊일 사이가 없다
⑨ 정든 사람과 헤어지게 된다

넷째, 거짓말을 많이 하게 되면 다음과 같은 불길한 일이 생긴다.
① 말을 더듬게 된다
② 치아가 고르지 못하고 뻐드렁니가 많이 생긴다
③ 입냄새가 심하게 난다
④ 피부가 윤기가 없이 말라 빠지고 얄팍하다
⑤ 시력 청력 등이 약하고 매우 둔감하다
⑥ 타인에게 권위를 내보이는 능력이 없다
⑦ 말씨가 거칠고 흉물스럽다
⑧ 실수가 잦고 사고가 많다

다섯째, 술, 담배, 마약 등을 즐기는 사람은 다음 같은 장애가 생겨난다.
① 자신의 행위에 대한 판단 기준이 흐려진다

② 게으름, 나태, 무기력증에 빠진다
③ 건망증과 미친 지경에 빠지기 쉽다
④ 친절과 사랑을 받아도 감사의 말을 모른다
⑤ 도덕적 수치심이나 겁이 없어진다
⑥ 불건전한 행위나 함정에 쉽게 빠져든다

　현세계는 바른 법은 멀어지고 삿된 견해가 가득찬 오탁악세의 말법시대이다. 불법을 믿는다고 해도 대다수 사람들은 취미생활 정도에 그치고 있다.
　"계율로써 스승을 삼아 공부하라"는 부처님의 마지막 유훈은 오늘의 우리 불자들에게는 절실한 가르침이 아닐 수 없다.
　우리의 신심이란 한 자루 촛불과 같아 작은 바람에도 흔들리거나 곧 꺼져 버린다. 부처님의 계율은 오염된 이 세상의 바람을 막아주는 피난처이다. 어찌 합장하여 받들지 않을 수 있겠는가?

　　몸으로는 악업을 짓지 않고
　　입으로는 좋은 일만 말하라
　　생각은 언제나 부처님을 향하면
　　이것을 이름하여 불교라 한다

무아(無我)의 삶

1. 생명의 근원으로 돌아가는 길

대원사는 백제 무녕왕 3년(A.D 503년)에 창건된 백제 고찰이다. 통일신라 때에는 열반종(涅槃宗)의 팔대가람으로 교세를 크게 떨쳤다고 사찰의 기록은 전하고 있다.

열반종의 종조(宗祖)는 보덕화상(普德和尙)이다. 그는 고구려의 고승인데 보장왕의 불교 박해를 피해 주석하던 평양의 반룡사를 지금의 전주 고덕산으로 고스란히 옮겨 왔다고 한다. 유명한 원효대사도 일찍이 보덕화상 밑에서 열반경을 배웠다고 하니 그의 법력을 짐작할 수 있다.

보덕화상이 머무는 곳에는 그의 명성을 듣고 많은 사람들이 찾아왔다. 그 때마다 스님께서는 제자들에게 이르기를

"내 고향에서 손님이 오셨으니 잘 대접해서 보내라"

하고 부탁했다. 제자들은 그대로 곧이듣고 잘 대접해서 보냈지만 손님이 올 때마다 고향 사람이니 잘 대접하라는 말씀에 의문이 가서 손님에게 물어 봤더니 스님의 고향과는 다르다고 대답했다.

한 제자가 스님께 가서 여쭈었다.

"스님, 이후부터는 고향 사람인지 아닌지를 똑똑히 분간하여 말씀해 주십시오. 그래야만 진짜 고향 손님께 잘 대접할 수 있지 않겠습니까?"

"너희들이 모르는 소리다. 우리 인생은 근원적인 하나의 생명에서 나온 것이 같고, 깨달음을 얻어 다시 영원한 생명의 빛으로 돌아가는 것이 같은데 어찌 모든 이웃이 고향 사람이 아니겠느냐? 그리고 출가한 사람은 찾아오는 사람을 차별하여 대접해

서는 안 된다. 우리가 자기 부모형제를 버리고 떠난 것은 모든 이웃을 부모형제로 평등하게 섬기기 위한 것이다. 이 절에 찾아오는 사람은 모두 빈부귀천을 가리지 말고 스승으로 받드는 마음을 연습하도록 하여라."

보덕화상의 일화는 인간의 무지를 밝혀주는 한 줄기 빛이다. 가끔 절에 찾아오겠다는 사람들에게 차편과 도로사정등을 자세히 설명해 주지만 안내판을 보지 못하고 지나쳐 버리거나 길을 잘못 들어 헤매기도 한다. 길을 잘못 들었을 때는 빨리 가면 갈수록 정작 찾아가야 될 목적지와는 점점 멀어지게 된다.

우리 인간이 살아가는 길 또한 마찬가지가 아닐까? 자기가 가는 길이 낭떠러지인지, 막다른 골목인지도 모르고 정신없이 바쁘게만 살아가는 사람들을 보며 비애를 느낄 때가 많다. 삶의 목적지도 알지 못하고 삶의 바른 길도 알지 못한 삶은 불안과 고통에서 벗어날 수 없다.

고향을 잃어버린 실향민이 항상 고향을 그리워하듯 영원한 생명의 고향에서 멀어져 버린 현대인들은 바쁜 일과속에서도 가슴 한가운데 공허함을 안고 살아간다.

사람들은 허전함과 외로움을 달래기 위해 세속적인 명성과 물질적 욕망을 추구해 보지만 결코 충족되지 않는 가슴 한구석 빈 자리는 남아 있게 마련이다. 특히 낙엽이 뒹구는 가을철이면 감성적인 사람들은 허허로운 가슴을 주체할 수 없어 한 차례씩 가슴앓이를 하게 된다. 이를 계절병이라 부르지만 옛 사람들은 회향병(懷鄕病)이라고 불렀다. 가슴 가운데에 고향을 품고 있다는 것이다.

칼 융은 인간의 불안과 고통은 근원으로부터의 단절에서 온다고 말하고 있다. 번뇌에 시달리고 죄악으로 몸부림치는 인간이 생명의 근원으로 돌아가는 그 길은 어디에 있는가?

씨앗이 있어야 싹을 틔우듯이 모든 현상의 배후에는 현상을 있게 하는 원인이 존재하고 있다. 인간의 마음에 번뇌를 일으키고 죄악을 일으키는 근본원인을 밝혀내지 못하고서는 인간은 무지의 어둠에서 결코 벗어날 수 없다.

선(禪)의 가르침은 말한다.

번뇌는 번뇌가 아니고 죄악은 죄악이 아니다. 인간의 번뇌란 자기중심적인 이기심의 나타남이며 인간의 죄악이란 본성(本性)에 대한 무지일 뿐이다. 그것은 모든 인간이 본래 하나의 큰 생명으로부터 갈라져 나온 하나의 생명임을 알지 못하고 몸뚱이 하나에 별개의 생명이 따로 존재하는 줄 착각하고 있기 때문이다.

이와 같은 인간의 무지를 불교에서는 근본무명(根本無明)이라고 한다. 근본무명이 뿌리가 되어 마음이 미혹되고 미망의 어둠 속에서 대립과 투쟁이 생겨난다. 대립과 투쟁은 필연적으로 탐욕과 분노를 불러 일으켜 팔만사천의 번뇌를 불러오고 일체 죄악의 원인이 된다.

다시 선(禪)의 가르침은 말한다.

인간은 번뇌와 죄악에 오염되어 있지만 인간의 본성은 오염될 수 없는 무한의 빛이며 영원한 생명이라고.

2. 자아의식을 넘어서

서울에서 어떤 신문기자가 송광사의 구산선사(九山禪師)에게 찾아와 물었다.

"우리 민족의 찬란한 문화를 꽃피운 불교가 오늘날 왜 이렇게 병들었습니까?"

"어디에 병든 불교가 있는가? 불교는 병들지 않았다. 불교가 병든 것이 아니라 현대 문명이 병들어 있는 것이다. 병든 현대의 병든 인간들이 불교를 구성하고 있어서 병든 눈에 병든 불교가 보일 뿐이다. 불교는 병들 수가 없는 것이다. 불교는 바로 영원한 생명인 까닭이다. 자네도 영원한 생명을 깨닫기 위해서는 본래 병 없는 자네의 마음부터 깨달아야 할 것이네."

스스로 영원한 생명의 세계를 깨닫지 못하고서는 표현할 수 없는 표현들을 본다. 생명의 근원을 통달한 사람에게는 모든 이웃이 고향 사람 아님이 없고 생사의 미망에서 깨어난 선사에게는 병도 죽음도 지난 밤 꿈과 같은 것이다. 이웃을 내몸처럼 사랑하라는 가르침의 본질은 이웃이 바로 내몸이기 때문이다. 모든 이웃을 부처처럼 공경하라는 가르침은 모든 생명은 바로 불성(佛性)의 나타남이기 때문이다.

모든 종교에서 무아(無我)와 사랑을 그렇게도 강조하는 것은 우주의 의식이 바로 지고의 사랑이기 때문이다. 우주에 충만한 사랑의 힘과 영적인 교류를 원하는 사람은 이기심을 떠난 지고의 사랑에 의식의 파장을 맞추어야 한다.

깊이 잠든 사람은 깨울 수 있지만 잠든 척하는 사람은 깨울 수 없다는 교훈이 있다. 세속의 삶을 추구하는 사람이 잠든 사람이라면 종교의 형식에만 집착하여 관념의 틀에서 벗어나지 못하는 사람이 바로 잠든 척하는 사람이라는 것이다.

티베트불교의 명상 지도자 트룽파는 말한다.

"자신은 물질적 욕망을 멀리 하고 기도생활과 깨달음의 길을 닦아 나간다고 하면서 실제로는 이기심을 추구하는 자기 기만은 수행자들이 가장 빠져들기 쉬운 함정이다. 수행자의 모습을 하고 상대방을 무시하는 사람들은 정신적 물질주의자이다."

나와 남을 나누고 분별하는 것은 자아의식의 작용이다. 불교 수행의 목적 또한 자아의식을 넘어서서 무아(無我)를 깨닫고 사랑과 자비를 실천하는 일이다. 자아의식은 이기심과 아집으로 이루어져 있으며 이원성을 띠고 있다. 이원성의 자아의식이 남아 있는 한 삼매(三昧)를 체험할 수 없다. 삼매를 체험하지 못하고서는 자기 인식의 세계에서 벗어나지 못한다. 여기, 자아의식을 넘어서기 위한 두 개의 길이 있다. 선수행과 염불수행이 그것이다.

선은 자기 마음의 근원적인 성품을 통찰하여 스스로 부처를 이루고자 하는 자력(自力) 수행이고, 염불은 자력을 철저히 배제하고 부처님의 원력(願力 : 부처님이 보살이었을 때 세운 원이 완성되어 나타난 힘)에 의지하여 정토(淨土)에 태어나고자 하는 타력(他力) 신앙이다.

그러나 지고의 통찰을 통하여 자아의식을 넘어서고자 하는 선수행이나 부처님의 위대한 원력 앞에 자기의 모든 것을 내맡겨 버림으로써 몸도, 마음도 떨쳐 잊어 버리고 자아의식을 떠나 버리는 염불신앙이 근본에 있어서는 다를 바가 없다.

이러한 신앙과 수행의 본질을 꿰뚫어 보고 자력과 타력을 조화시켜 하나의 수행체계로 정립한 것이 염불선(念佛禪)이다.

염불(念佛), 부처님을 생각한다는 것은 철저하게 나의 관점을 떠나 우주의 관점에 서는 일이다. 자기 혼자 먼저 깨닫고자 하는 수행은 그 수행이 아무리 깊어져도 결국 자아관념을 떨쳐버리지 못한다. 자기 사념(思念)으로 이어가는 기도생활은 몇십년을 계속해도 결국 자기 인식의 세계를 벗어나지 못한다.

"내가 존재할 때는 신이 존재하지 못하고 나의 존재가 사라질 때 신이 존재한다."

인도의 격언이다. 자아관념에 사로잡힌 생활 속에서는 대립과 투쟁의 현실이 존재한다. 그러나 자아관념이 실체가 없는 착각 현상이며 환상임을 깨닫는다면 현실 이대로가 어둠을 떠난 광명의 세계임을 깨닫게 된다.

3. 신(神)을 간단히 보는 기도, 선(禪)

언젠가 송광사에서 참선을 하고 싶다고 찾아온 수녀님이 있었다. 왜 참선을 하려고 하느냐는 질문에 그 수녀님은 질문 자체가 못마땅하다는 표정을 지으며 펜을 들어 '禪'이라고 썼다. 그리고 대답하기를

"신(神)을 간단히〔單〕 보는 것〔示〕이 바로 선(禪) 아닙니까?"

그렇다. 그러나 너무 간단하기 때문에 우리들 자신이 가장 단순해지지 않으면 선의 문은 열리지 않는다. 깨달은 사람이란 자아 중심적인 일체의 관념에서 해탈하여 모든 생명을 내몸처럼

사랑하고 우주법계를 자신의 몸으로 삼는 사람이다.
경전은 다음과 같이 이야기한다.

모든 부처님은 법계의 생명이 그 몸이시니 온갖 중생의 마음 속에 들어가신다. 그러므로 너희들이 부처님을 생각할 때 이 마음이 곧 부처님의 거룩한 몸이라. 이 마음이 부처를 짓고 이 마음이 바로 부처이다.
《관무량수경》

부처님의 몸이 온누리에 가득차 있으니
지금 우리들의 눈앞에 함께하시네
인연 따라 그 모습을 나투시지만
우주의 중심에서 한 번도 떠나지 않으셨네
《화엄경》

이 세상에는 수많은 민족과 갖가지 생명체가 존재하지만 근원적인 생명의 뿌리에서 돋아난 가지와 같은 것이다. 마치 밤하늘의 둥근 달이 일천 강물에 비치지만 일천 강의 달은 한 달의 그림자에 지나지 않듯이……
일체 수행의 궁극은 생명과 우주의 실상(實相)을 깨우치고 우주의 대생명과 하나가 되는 일이다.
염불선(念佛禪)에서는 우주에 충만한 무한한 빛과 영원한 생명력을 인격화하여 '아미타불(阿彌陀佛)'이라고 부른다. 아미타불에는 두 가지 의미가 함축적으로 표현되어 있다. 첫째, 무량광(無量光 : Amitabha)이니 끝없는 광명이다. 곧 무아(無我)를 상징한다. 둘째, 무량수(無量壽 ; Amitayus)이니 영원한 생명이다. 곧 사랑과 자비의 상징이다.

아미타불이란 주관적으로 보면 우리 자신의 영원한 생명력과 그 빛을 의인화한 것이며 객관적으로 보면 우리가 도달해야 할 저 영원한 생명력과 그 빛이다. 곧 일체 종교의 본질, 즉 사랑과 무아를 한 마디 언어에 함축적으로 표현하고 있음을 알 수 있다.

물을 떠난 고기는 물로 다시 돌아가기 전에는 어떤 자유도 행복도 기대할 수 없다. 진리에서 비롯된 인간이 진리의 삶을 외면하고서는 영원한 행복은 기약할 수 없다. 광명에서 비롯된 인간이 광명을 향하지 않고는 자기 내면의 빛을 볼 수 없다. 나의 몸과 나의 목숨을 바쳐 생명의 고향에 돌아가고자 하는 간절한 그리움, 그것이 '나무(南無 : Namo)'이다.

—목숨바쳐 돌아가리 아미타부처님께— 하는 '나무아미타불'의 의미는 고통 속의 인간들이 생명의 실상을 자각하고 생명의 고향으로 돌아가고자 염원하는 간절한 그리움의 노래이다. 욕망과 원한 그리고 불안의 소용돌이에 휘말려 돌아가는 현 시대에서 삶의 고통으로부터 해방되기를 원하는 사람은 생명 해방의 대찬가인 나무아미타불의 세계를 깊이 명상하여야 한다. 나무아미타불의 염불과 명상은 모든 집착과 미망의 마음을 정화시켜 생명의 참모습에 눈뜨게 하기 때문이다.

진리의 세계를 상징적인 형상으로 표현한 것이 사원건축이다. 한국의 산사를 찾아가려면 반드시 일주문을 먼저 통과해야 한다. 일주문을 지나지 못하면 진리의 세계에 들지 못한다. 일주문(一柱門)은, 하나의 기둥만으로 설계된 사원의 출입문으로 다른 말로 불이문(不二門)이라고도 한다. 그 의미는 너와 내가 둘이 아니고, 부처와 중생이 둘이 아니고, 우주와 내가 둘이 아닌 진리를 침묵의 언어로 속삭여 주고 있다.

여기 진리의 문, 선(禪)의 문에 다가서고자 하는 이를 위한 친절한 가르침이 있다. 인도 봄베이 출신 가톨릭 수도자 드멜로 신부의 영성수련 가운데 〈파수꾼〉의 한 구절을 가져온다.

자신의 호흡을 지켜보는 것은
강물을 바라보는 것만큼 매혹적일 수 있다
그것은 정신을 가라앉히고
지혜와
침묵과
신성함에 대한 느낌을 일으킬 수 있다
그냥 바라보기만 하라
그러면 선명해지리라
흙탕물이 투명해지고
─그리고 너는 보게 되리라

《영성생활》 제5호

한 잔의 차를 마시며

1. 선심 차심(禪心茶心)

이곳 대원사가 위치한 보성군은 다향(茶鄕)으로 이름난 고장이다. 특히 바다를 끼고 있는 회천면 일대의 넓은 다원과 산비탈을 개간하여 푸른 양탄자를 깔아 놓은 듯한 대한다원의 풍광(風光)은 사람들의 탄성을 자아낸다. 보성 땅에 인위적인 다원이 대규모로 조성된 것은 일제시대 조선총독부에서 '조선 차의 역사와 분포'를 조사 연구한 뒤이다.

한국의 기후와 토질 등을 조사해보니, 전남 보성의 산간지방이 차(茶) 재배지로 전국에서 으뜸이었던 것이다. 이후 보성에는 대규모 다원이 조성되어 오늘에 이르고 있다.

사람들은 종종 수행자에게, '삶의 침체기가 닥쳐올 때 그것을 이겨내는 새 힘을 어떻게 충전받는가' 하고 물어온다. 그러면 나는 한 잔의 차를 통하여 흐트러진 삶의 자세를 가다듬고 수행의 본질을 되새긴다고 대답한다. 다실을 청소하고 불필요한 것들을 정리하면서 출가 본분을 다시 생각하게 되기 때문이다. 또 한 한 잔의 차는 수행자에게 세 가지 가르침을 주기 때문이다.

첫째, 화합과 공경의 마음을 배우게 한다. 그 과정을 한 번 돌아보자.

차나무 꽃은 10월 말부터 피기 시작하여 1월 중순까지 피어난다. 하얀 눈을 머리에 이고 피어나는 하얀 차꽃의 모습은 겸손과 청빈의 덕을 지닌 수도자의 기품이다.

지난 해 피어난 차꽃이 지고 열매가 완전히 익어 벌어질 때쯤 금년의 차꽃이 피어나 열매와 만난다. 마치 아버지가 자식에게 가업을 물려줌과 같고 스승이 제자에게 법(法)을 전해줌과 같다. 그래서 차나무를 실화상봉수(實花相逢樹)라고 부른다.

다실에 차나무 가지를 꺾어 꽃꽂이를 해두면 다실의 운치가 한결 살아난다. 가지에 달린 꽃과 열매를 보면 한결같이 고개를 숙이고 있다. 뿐만 아니라 차꽃은 모두 거칠어진 잎 뒤에 숨어 있다.

"허물이 있으면 드러내고 덕행이 있으면 감추어라. 그러면 너의 마음은 곧 청정해지리라"

는 부처님 말씀을 거듭 새기게 한다.

서리와 눈보라를 이겨내고 함초롬히 피어나는 차꽃은 바로 자기의 자랑은 감추고 청빈과 겸손으로 살아가는 수도자의 덕성을 일깨워준다.

'차(茶)'라는 글자를 보면 풀(草)과 나무(木) 중간에 사람이 있는 형상이다. 풀은 부드러움이고 나무는 강한 것이다. 자기 자신한테는 강직하고 상대방에게는 사랑을 베풀라는 외유내강(外柔內剛)의 의미를 한 글자 차(茶) 속에서 읽게 된다.

차꽃을 따서 그늘에 말렸다가 찻잔에 하나씩 띄우면 녹차의 맛과 향과 분위기가 훨씬 살아난다.

금년에는 차꽃을 하나씩 따 모아 유리병에다 소금과 함께 절여 놓았다. 소금에 절여진 차꽃은 시들지 않고 그대로 보존된다. 한 달쯤 지난 후에 찻잎 하나씩 찻잔에 담아 뜨거운 물을 부으면 찻잔 속에서 봉우리진 차꽃이 피어나며 차향이 은은하게 배어나온다.

차꽃이 소금과 잘 용해되어 우러나는 독특한 향과 맛은 일품이다. 다도를 다년간 익힌 분들도 차꽃차는 처음인지 다들 신기해 한다.

사실 차꽃만 아니라 매화, 벗꽃, 들국화, 토끼풀 등도 꽃잎을 따서 소금에 절여두면 모두 훌륭한 꽃차를 만들 수가 있다.

예쁜 유리병에 꽃차들을 만들어 차례로 모아놓고 함박눈이 내릴 때 마음의 벗과 함께 뜨거운 물을 부어 꽃을 피우고 마음의 꽃 또한 피워볼 일이다.

둘째, 자기의 자리를 지키게 한다.

차나무는 위로 자란 만큼 땅속으로 뿌리를 내리고 있다. 내가 배운 지식이나 학문이 내적인 인격으로 얼마나 뿌리를 내렸는지 되돌아 보게 하는 교훈이 아닐 수 없다. 또한 한국의 토종 차나무는 씨앗으로만 번식하고 묘목으로 옮겨 심지 못한다. 그래서 옛날 풍습에 여자가 시집갈 때 정절의 상징으로 차 종자를 혼수 속에 담아갔다고 한다. 우리의 삶 또한, 여기저기 기웃거리지 않고 자기의 위치를 분명히 알고 자신에게 주어진 삶에 열과 성을 다할 때 차나무처럼 뿌리를 내리고 차꽃처럼 향기를 발하게 될 것이다.

셋째, 우주의 조화와 그 본질을 깨닫게 한다.

송광사의 구산(九山)스님은 방문객들이 오면 차 한 잔을 대접하고 그 찻잔 속에 깃든 우주를 보라고 말씀하셨다.

한 잔의 차를 깊이 들여다본다. 그 곳에 반짝이는 별이 있고 구름이 흐른다.

찻잎을 딸 때에는 전날 밤 별이 총총하고 찻잎마다 보석 같은 이슬이 맺힌 날이 좋다. 또한 한겨울의 추위를 이겨내고 새 움을 틔우는 차 잎새 하나하나에는 별빛과 햇빛 그리고 산의 정기가 깃들여 있다.

찻잎을 따고 가공해서 상품이 되는 과정을 생각해보면 이 시대 모든 사람들의 손길이 직접 간접으로 연결되어 있다. 한 그루의 차나무가 자라기 위해서는 먼저 토양이 필요하고 수분이 필요하고 햇볕과 바람이 필요하다.

구름이 없이는 비가 없고 비가 없이는 차나무가 자랄 수 없다. 만일 구름이 없었다면 한 잔의 차는 존재할 수 없는 것이다.

한 잔의 차를 더 깊이 바라본다. 차를 이루고 있는 대지의 기운, 물과 햇빛의 기운, 바람의 기운을 각기 제자리로 돌려보내고 나면 찻잔 속에는 무엇이 남을까?

그렇다. 차는 바로 차 아닌 요소로 이루어져 있음을 깨닫게 된다. 그것이 바로 한 잔의 차 속에서 우주를 보는 일이다. 그것이 바로 우주의 본질, 공(空)을 보는 일이다.

아침에는 차 한 잔 밤이 되면 잠 한숨
푸른 산과 흰 구름 무생사를 말하네
흰 구름은 옛 친구 밝은 달은 나의 삶
첩첩산중 대원사 홀로 앉아 차 한 잔

《샘터》 93. 2

티베트불교에서의 삶과 죽음

1. 통치원리로 적용된 윤회사상

고대 인도사회에서의 윤회사상은 하나의 통치원리로 작용하였다고 한다. 즉 노예계급은 전생에도 노예였으며 금생에도 노예이고 내생에도 노예로 태어난다는 것이다. 이와 같은 논리는 왕족계급은 물론 사제계급인 브라만들에게도 그대로 적용되어 사제들이 평민과 노예들을 다스리는 원리로 활용하였다. 부처님의 출현은 이와 같은 윤회의 개념에 일대 혁신을 가져왔다. 그것은 출생에 의해서 신분이 결정되는 것이 아니라 그 사람의 행위에 따라서 귀해지기도 하고 천해지기도 하며 그 행위의 결과로 다음 생의 과보를 받는다고 가르쳤기 때문이다.

2. 자비심으로 환생하는 린포체

이러한 불교의 윤회사상과 인과법칙이 여러 나라에 전파되면서 사회의 도덕적인 규범이 되어왔지만 가장 구체적으로 승화되어 신앙화된 나라가 티베트라고 생각한다. 이러한 신앙세계를 가장 잘 보여주는 것이 린포체(Rinpoche) 신앙이다. 우리나라 큰 사원에 조실스님이 계시듯이 티베트의 큰 사원이나 종단에는 불보살의 화신으로 모셔지는 린포체가 있다. 그들은 후계자에게 법을 전하는 게 아니라 스스로 다시 태어나서 법통을 이어간다. 티베트불교의 법왕이라고 불리우는 달라이 라마(Dalai Rama)는 지금까지 열네 번을 환생해 오면서 티베트불교의 정신과 법통을 지켜온 것이다. 달라이 라마뿐 아니라 티베트불교의 고승들은 거의 이러한 과정에 의해서 사원의 주지 또는 한 종단의 종정으로 재추대되고 있다.

현재 티베트에는 100여 분의 린포체가 계신다고 하는데, 그 가운데 예시린포체는 87년 3월 조선일보 해외토픽란에 '세계 최연소 고승'으로 소개된 바 있는 분이다. 그는 84년 미국 L.A 에서 열반하였는데 그 이듬해 스페인에 환생하여 세계의 화제가 되었다.

예시린포체로부터 5년 전에 법문을 듣고 불교의 명상수행을 계속해 오던 한 스페인 여인은 예시린포체가 열반했다는 소식을 듣자, 온몸에 전율을 느끼면서 그 스님이 자기 몸속으로 들어오는 체험을 가졌다. 그후 임신이 되었는데 직감적으로 예시린포체의 환생인 줄을 느꼈다고 한다. 아이를 잉태한 여인은 임신기간 동안 한없는 충만감과 편안함, 그리고 행복함을 느낄 수 있었다고 한다. 또 출산 때가 되어 병원에 갔을 때는 의사들이 깜짝 놀랐다고 한다. 왜냐하면 아기가 태어나면서 산모가 전혀 출산의 고통을 받지 않았고 가장 분명한 의식을 가지고 태어났으며 눈을 뜨고 나왔는데 사방을 두리번거리며 주위를 살폈다는 것이다. 마치 사람이 낯선 곳에 가서 사방을 살피듯이.

이러한 사실은 병원의 의사들을 깜짝 놀라게 해서 의사들이 먼저 이 사실을 세상에 알리게 되었다. 그후 전생의 신도들과 제자들이 찾아왔는데 여러 가지 정황들이 예시린포체의 환생이 분명하다는 확신을 가지게 되었다. 티베트불교에서는 큰스님이 열반하면 다시 환생한 아기를 찾아 몇 가지 테스트를 거쳐 확인하지만 마지막으로 달라이 라마가 확인 인가해 주는 의식이 있다.

'오셀 히타'라는 이름으로 스페인에 다시 환생한 예시린포체도 2살 되던 87년 봄에 인도 북부 다람살라에 가서 달라이 라마로부터 인가를 받는 의식을 가졌다. 그때의 의식이 세계 각국에 '영생법회'라는 이름으로 널리 소개된 것이다. 그때 달라이 라마는 이런 말을 했다고 한다.

"지금 이 아이가 예시린포체의 환생이라는 것은 96% 정도 분명하다. 나머지 4%는 티베트어를 얼마만큼 잘 익히고 자기가 배우던 불경을 얼마나 바르게 해득하느냐에 따라서 더욱 분명해질 것이다."

한편 오셀 히타군을 낳은 스페인의 한 가정에서는 자기 집안에 태어난 아이가 티베트 고위 라마승의 화신으로 밝혀짐에 따라 세계적으로 유명해지고 또 부유해졌다. 그것은 세계 각국 매스콤의 보도와 전생의 신도들로부터 우리 스님 잘 키워달라는 뜻으로 많은 성금들을 보내왔기 때문이다. 이 아기의 집안에서도 자기 집안에 태어난 아기이지만 아기를 위한 환경을 마련해 주어야겠다는 생각으로 집안 식구 모두가 예시린포체가 전생에 살던 네팔로 이사를 왔다.

스페인에 다시 태어난 예시린포체는 지금 그가 전생에 머물던 네팔 카트만두 교외의 고판사원에 머물고 있다. 고판사원을 방문했을 때 유럽에서 온 순례객들이 많이 눈에 띄었다.

유럽 사람들의 불교에 대한 접근을 크게 나누어 세 가지로 구분된다고 한다. 첫째는 부처님의 근본 가르침과 수행법을 접하고자 하는 근본불교, 둘째는 히말라야의 신비와 함께해 온 티베트불교, 세번째는 선(禪)불교이다. 그중에서도 가장 큰 관심과 매력을 주는 것이 티베트불교라고 한다. 그것은 티베트불교에 전수되어 오는 다양한 명상법과 린포체신앙이 확신을 가지고 수행에 임하도록 하며 스승들의 이끌어줌이 친절하고 간절하기 때문이라 생각된다.

티베트불교에서 린포체의 존재는 생불(生佛), 또는 불보살의 화신등으로 추앙받는 분들이다. 그러나 불교의 근본 입장에서 보면 부처님께서는 영원불변하는 영혼의 존재를 부정하셨고[無我] 또는 깨달음을 통하여 열반을 성취하게 되면 모든 갈망과 생에 대한 집착에서 벗어나 윤회의 굴레를 벗게 된다고 하였다. 그렇다면 깨달음을 성취한 성자들이 다시 환생해서 수행을 계속해 가고 법통을 이어가는 것은 불교의 근본에서 이탈된 것이 아닌가 생각할 수도 있다.

그러나 티베트불교에서는 이렇게 말한다.

"린포체는 깨달음을 얻은 아라한이지만 다시 환생하여 우리들에게 법을 가르치는 것은 많은 사람들에게 불법에 대한 믿음을 심어주고 수행을 도와주기 위해 자비심으로 환생한다"고.

중생은 자기가 지은 바 업력으로 몸을 받고 보살은 중생구제의 청정한 원력으로 몸을 받는다고 한다. 이것이 바로 대승보살 정신의 실현, 혼자만의 깨달음에 안주함이 없이 많은 이웃들이 함께 열반으로 나아가고자 하는 육신 보살의 모습이다.

3. 이기적인 욕구에서 벗어나는 것이 불교수행의 근본

금년 봄에 티베트 스님 네 분이 우리나라를 방문하신 적이 있었다. 그 중에 두 분이 린포체 스님이고 두 분은 수행비서 스님이었다. 수덕사, 해인사, 송광사, 봉녕사 등 우리나라의 대표적인 사원들을 돌아보며 학인들에게 법어를 베풀기도 하였다. 그 때 해인사에서 한 학인이

"우리가 전생부터 고승이었다는 린포체를 어떻게 알아볼 수 있습니까?"

하고 묻자, 질문에 분명한 답변을 주셨다.

"린포체를 알아보는 방법은 굉장히 간단합니다. 그들은 이웃을 위해 사는 사람이기 때문입니다. 이웃을 위한다는 것은 자기 자신의 이기적인 욕구에서 벗어나는 것을 말합니다."

그래서 린포체들이나 라마승들의 어려서부터 교육의 주안점은 자아에 대한 집착에서 벗어나게 해주는 데 있다는 것이다. 그 한 마디 답변을 통해서 필자는 불교수행의 근본을 헤아릴 수가 있었다. 어떤 수행일지라도 이기적인 동기가 함께할 때는, 그것은 부처님과 멀어지는 것이요, 어떤 삶의 형태라 해도 이웃을 위한 사랑이 함께할 때는 부처님과 함께 하는 것이라고.

'수행의 완성'이 있다고 하면 자기라고 하는 에고(ego)가 완전히 사라져버린 상태가 아닐까? 이기적인 집착과 갈망에서 벗어났을 때 사랑과 헌신으로 존재해 가는 보살의 길이 열릴 것이다.

그래서 티베트불교에서의 모든 수행에는 본 수행과 예비 수행이 있다. 집을 짓기 위해서도 기초를 다져야 하듯이 중생의 마음을 열반으로 향하게 하기 위해서는 모든 존재에 대한 사랑을 일깨워야 한다는 것이다. 중생의 바탕은 탐욕과 성냄과 어리

석음으로 이루어져 있기 때문에 이 바탕 위에 어떤 수행을 하고 학문을 해도 자기의 아만과 편견만을 더해갈 뿐이기 때문이다. 이와 같은 중생심을 사랑과 관용 자비심으로 바꾸어가기 위해서 모든 생명현상은 육도윤회의 쳇바퀴 안에 있다는 것을 명상한다.

그리고 수많은 윤회를 통해서 인연 맺었던 부모형제를 명상하고 지금 만나는 모든 이웃들이 전생의 어머니라고 생각한다. 그래서 내가 지금 만나고 있는 모든 이웃들은 욕망의 대상이나 경쟁의 상대가 아닌 은혜를 갚아야 되고 사랑을 베풀어야 될 어머니들이라고 명상한다. 전생의 모든 어머니들의 고통을 내가 받아들이고자 하는 간절한 염원을 가지고 숨을 들이쉴 적에 이웃들의 고통이 검은 연기가 되어서 내 코를 통해 들어오는 것을 명상한다. 내가 받아들인 검은 연기는 부처님의 지혜광명으로 다시 밝아지고 다시 그 밝은 빛을 내쉬는 숨을 통해서 전생의 어머니들에게 다시 보낸다는 것이다.

이러한 호흡과 함께하는 자비관을 오래오래 수행하면 모든 존재에 대한 강렬한 사랑이 움튼다고 한다. 여기에서 사랑과 헌신의 마음이 일어나고 탐욕과 성냄은 베품과 사랑으로 변화된다고 한다.

중생심을 자비심으로 바꾸어가는 예비 수행에는 오체투지의 절과 스승에 대한 헌신, 만다라 공양, 금강살타진언, 만트라수행 등이 있다. 티베트 승려들은 절하는 일을 참선과 명상의 기초라면서 선방에 가기 전에 십만 배의 절을 하는 것을 보았다. 또 우리의 마음은 여러 가지로 구속되고 속박되어 있는데 만트라 염송을 통해서 불보살과 영적인 교류가 이루어지고 자아의식의 족쇄에서 해방된다는 것이다. 이러한 신앙행위들은 자신을 낮추고 비워내는 일이지만 이것을 통해 얻어지는 것은 지혜와 자비이다. 이러한 바탕 위에 학문이 보태지고 수행이 되어야 대승의 불자가 된다는 것이다.

그래서 티베트불교의 법왕 달라이 라마는 이렇게 말했다.

"깨달음은 서두를 게 아닙니다. 하루하루의 삶속에서 착하고 건실하고 이기심 없는 삶을 이끌면 저절로 깨달음에 이르게 됩니다. 그러나 우리가 깨달음에 대해 이야기하고 가르침을 이야기하면서도 실행을 등한시 한다면 깨달음에 이르지 못할 것입니다. 그래서 나의 종교는 한 마디로 압축하면 '친절'이라고 할 수 있습니다. 어떤 교리보다도 지금 만나고 있는 이웃들에게 보다 따뜻한 사랑과 친절을 베풀어 주는 것이 나의 종교입니다."

4. 불보살의 화신국, 티베트

히말라야의 고원지대 설산의 나라, 티베트에 불교가 전래된 것은 7세기부터이다. 여러 개의 부족국가를 하나의 강력한 국가로 통일한 손첸캄포왕은 부처님의 힘으로 티베트 전역에 있다는 악령들을 교화하기 위해 기하학적으로 정해진 장소마다 절을 세우고 불교를 장려하였다.

처음에는 중국과 인도 양쪽에서 불교를 받아들였으나 중국의 선사(摩訶衍)와 인도에서 온 밀교승(Kamalasila, 蓮華戒)과의 법논쟁을 지켜본 티베트의 왕이 인도불교를 선택하면서 중국불교와는 교류가 희미해진다. 인도의 불교와 문화 요소들을 받아들이면서 먼저 산스크리트어를 모본으로 하여 티베트어가 만들어졌다. 인도의 고승들을 초청, 불교가 뿌리내려지고 학자들은 대승불교의 경전들과 밀교 경전들을 티베트어로 번역, 독특한 티베트 대장경이 만들어졌다.

10세기부터 시작된 이슬람의 인도 침입은 14세기에 절정에 달해 사원들이 파괴되고, 승려들이 살해되었으며 경전은 불살라졌다. 인도에서 살아남은 승려들이 불타고 남은 경전을 가지고 피난처로 삼은 곳이 티베트라고 볼 때, 최전성기 대승불교의 가르침과 수행의 전통을 티베트불교에서 엿볼 수 있다.

그것은 지리적으로 고립된 티베트의 지역 환경이 1000년 전의 의식과 전통을 그대로 전해 주었을 뿐 아니라, 부처님이 나시고 불교가 꽃핀 인도땅에서 불교가 멸망해 버렸기에, 티베트 사람들이 설산으로 보호된 티베트야말로 불법을 보존하고 전승해야 할 사명이 있다고 자각했기 때문이다. 이때부터 티베트 사람들에게는 티베트야말로 불보살이 지켜주고 또한 불보살이 화신으로 나타나서 우리를 이끌어 준다는 활불(活佛)신앙이 성립되었다.

그래서 티베트불교의 법왕 달라이 라마는 티베트의 국왕이며 종단의 종정이고 관세음보살의 화신으로 절대적인 추앙을 받고 있다. 또 티베트의 전성기 국왕이나 고승들도 불보살의 화현으로 받들어지고 급기야 티베트란 나라 자체가 관세음보살이 창조하고 지켜주고 다스려준다는 믿음을 갖게 되었다. 그래서 수도 '라사'의 뜻은 '극락'이라는 말이고 달라이 라마의 궁인 포

탈라궁은 관세음보살이 상주하는 보타락가산을 의미한다.

　티베트에서 정치, 경제, 문화, 교육의 모든 현상은 불교를 떠나서 생각할 수 없다. 모든 교육과 의식은 사원을 통해 이루어지고 승려는 국가와 사회를 이끌어가는 핵심이다. 불교의 교리나 윤회사상은 이해나 믿음의 차원이 아닌 삶 그 자체이다. 삶의 목적이 종교적인 가르침의 구현이기 때문이다.

　티베트 사람들에게 있어 삶이란 깨달음을 향해서 나아가는 하나의 과정, 열반의 여로로 나아가는 길이기 때문에 형식적이고 관념적인 신앙행위를 찾아보기 어렵다. 정말 간절함과 절실함으로 살아가는 신앙의 사람들을 보는 것 같다. 항상 염주를 돌리며 '옴 마니 반메훔'을 염송하는 그들의 얼굴은 친절과 미소 그리고 인간의 정이 물씬 풍긴다.

　우리가 인간의 삶을 온전히 이해하기 위해서는 죽음의 세계를 함께 알아야 한다. 손등과 손바닥을 함께 봄으로 해서 손의 전체적인 모양을 볼 수 있듯이……

　"인간아! 너는 너의 의사에 반하여 죽는구나. 죽음이 무엇인지를 배우지도 못하고서. 죽음을 배울지니라. 그러면 그대는 삶까지도 배우게 될 것이니라. 죽음을 배우지 못한 자는 삶까지도 아마 배울 수 없게 될 것이니라."

　티베트에 비전되어 오는 '사자(死者)의 서(書)'에 나오는 한 구절이다.

　티베트인들에게 있어 환생이 남아 있다는 것은 구원이요 희망이다. 그것은 우리의 수행이 완성되지 않았기 때문에 수행의 완성을 위하여 다음생이 남아 있다는 것이다. 우리가 살아가는 것도 결국은 완전한 죽음을 얻기 위해서가 아닌가 생각해 본다. 완전한 죽음은 모든 갈망과 집착, 번뇌의 소멸 곧 열반이다. 완전한 열반을 이루신 분은 석가모니 부처님. 부처님은 열반에 드셨지만 늘 우리와 함께하신다. 우리 모두는 완전한 죽음을 위해 오늘도 마음이 어디로 흐르는가를 살핀다.

끝없이 태어나고 죽어가는 중생의 삶을 인식하게 되면 죽음을 두려워 할 필요는 없다. 우리들이 정작 두려워 해야 될 것은 죽음 이후에 다시 태어나게 된다는 사실이다. 그때 비로소 인간의 삶이 얼마나 소중한 것인지, 나에게 주어진 삶을 어떻게 살아야 할 것인가를 깨닫게 된다.

진리의 길 나아갈 때 두려움은 사라지고
진리 기쁨 체험할 때 의심안개 걷혀지네

부처의 염불, 부처의 좌선

1. 수행은 왜 필요한가?

산에 큰 바람이 지나간 뒤엔 몇 그루 나무들이 중간이 꺾이거나 뿌리채 뽑혀 넘어진 모습을 볼 수 있다.

넘어진 나무들을 잘 살펴보면 원인이 있다. 중간이 꺾인 나무들은 속이 썩어 비어 있고 뿌리채 뽑힌 나무들은 그 뿌리가 깊지 못하다.

큰 바람을 이기지 못하고 꺾이거나 뽑혀져 나간 나무들을 보면서 세상을 살아가는 인간나무들도 마찬가지라는 생각이 든다.

세상의 거센 바람은 물론 자기 내면에서 일어나는 탐욕과 증오, 애욕과 질투의 바람을 잘 다스리지 못하면 제대로 꽃피어보지도 못하고 시들어 버릴 수도 있기 때문이다. 하늘을 향해 가지를 뻗고 탐스런 열매를 맺기 위해선 무엇보다 뿌리내림이 든든해야 한다.

댐을 막는 것은 그때그때 필요한 곳에 물을 사용하기 위함이다. 우리가 신앙생활과 수행을 하는 것도 일상생활을 보다 탄력 있게 하고 행복한 삶을 추구하기 위한 것이다.

모든 인간은 고통을 싫어하고 행복을 추구한다. 그러나 행복을 위해 추구한 일이 불행을 초래하고, 옳다고 한 일이 결과는 옳지 못한 경우를 당하기도 한다. 그것은 자기 자신의 참된 성품과 마음의 작용을 모르기 때문이다.

수행은 자기 자신을 분명하게 인식하고 성찰함으로 해서 자신을 얽어매는 족쇄에서 벗어나 참된 자유와 행복을 맛보게 한다. 수행은 무엇보다도 자기 마음을 자기가 쓰는 일이다. 참된 실재를 깨우칠 때 자기를 속이지 않고 자기에게 속지 않는 지혜가 생겨난다.

불교는 자기 실현의 가르침, 수행의 종교, 깨달음의 길이다.

그러나 전문적인 수행자가 아닌 재가불자들이 바쁜 현대생활을 하면서 실천할 수 있는 적합한 수행법은 무엇일까? 그것이 염불선이다. 염불은 하면 하는 만큼 우리의 감성이 만족을 하고 마음이 기쁨을 느낀다. 현대와 같이 긴장과 불안이 계속될 때 선과 염불의 조화적인 염불선의 수행은 마음의 평정은 물론, 불교의 근본을 실현할 수 있게 해줄 것이다.

불자들은 경전과 전통에 의거한 수행의 실천을 통하여 잔잔한 삶의 기쁨을 누릴 수 있어야 한다. 스스로 번뇌의 속박에서 벗어나 고요한 마음속에서 생겨나는 삶의 지혜와 기쁨을 이웃과 나누어야 한다.

광명의 세계로 나아갈 때 두려움과 미혹은 사라진다. 진리의 기쁨을 체험할 때 고정관념과 편견은 사라진다. 진리가 그 모습을 드러낼 때 모든 의심의 안개는 걷힌다.

2. 은행나무의 교훈

홀로 있는 은행나무는 열매를 맺지 못한다. 그러나 은행나무 아래 못을 파서 자기 그림자가 비치게 하면 못에 비친 자기 그림자를 이성으로 감응하여 열매를 맺는다고 한다. 은행나무의 신비한 생태이다.

은행나무가 자기 그림자를 착각하여 열매를 맺듯이 우리 중생들은 없는 것을 있다고 착각하여 고통을 받는다.

무상한 것을 영원한 것으로 집착하고 괴로운 것을 즐거운 것으로 집착하는 뒤바뀐 소견 때문에 중생의 병과 고통이 생겨난다.

그래서 《반야심경》에 '뒤바뀐 생각을 멀리 여읠 때 완전한 깨달음의 지혜를 얻게 된다'고 하였다.

뒤바뀐 생각 때문에 탐욕, 성냄, 어리석음이 생겨난다. 세 가지 독한 마음은 열 가지 허물[十惡]을 범하게 된다.

염불선의 수행은 몸과 입과 뜻으로 짓는 삼업(三業)을 정화하여 생명의 참모습을 깨우치고 그 광명과 기쁨의 세계를 모든 이웃들과 함께하는 데 있다. 자기정화와 중생정화를 위한 염불선의 네 가지 실천 수행법을 소개한다.

첫째, 예배문 : 공경, 겸손 ┐
둘째, 염불문 : 친절, 찬탄 │ 자기자신의 정화
셋째, 실상문 : 평등, 정직 ┘
넷째, 회향문 : 자비, 헌신 ― 인간관계와 환경의 정화

예배문(禮拜門)

부처님은 지혜와 자비의 광명이다.

몸과 마음을 바쳐 부처님에게 절하는 일은 모든 불자들의 가장 중요한 수행이다. 한마음으로 부처님을 생각하고 절할 때에 이 몸은 이미 부처님의 광명속에 있게 된다. 예배의 수행을 통하여 몸으로 저지른 세 가지 허물[살생죄, 도둑질 한 죄, 사음(邪淫)죄]이 정화된다.

또 불전에 나아가 매일 아침 저녁으로 시간을 정해 놓고 108배를 실천하면 세 가지 병을 고친다고 하였다.

첫째, 몸의 일체 병을 고친다.

절하는 자세는 요가의 모든 체위를 하나로 종합한 것이다. 절할 때 나오는 땀은 죄업의 찌꺼기가 빠져 나오는 것이다. 절을 마치고 난 후의 상쾌함과 희열은 절을 해보지 않은 사람은 모른다. 규칙적인 생활과 조화로운 온몸의 운동으로 몸 안에 있는 병은 사라지고 새로운 질병은 침범하지 못한다.

둘째, 마음의 모든 병을 고친다.

예배의 두 글자는 '공경할 禮' '굴복할 拜'이다. 예배의 근본은 모든 생명에 깃들여 있는 부처의 마음, 불성(佛性)을 공경하고 자기의 어두운 마음, 교만한 마음을 굴복시키는 행위이다.

예배를 통하여 마음속의 미운 생각, 이기심과 헛된 궁리, 교만 등 마음의 때가 씻겨져 나간다.

셋째, 팔자병을 고친다.

중생의 병과 재앙은 업보에서 생기는 것. 지극한 참회 속에 업보가 소멸되고 지혜가 밝아지면 무량공덕의 문이 열린다. 예배문을 통한 마음의 덕목은 공경과 겸손이다.

염불문(念佛門)

아미타불(阿彌陀佛)이란 온 우주에 충만한 부처님의 무한광명을 인격화한 것이다. 우리나라에 불교가 전래된 이후 가장 널리 알려진 말이 '나무아미타불 관세음보살'이다. 그 의미는 불교의 양 날개인 지혜와 자비의 체득과 그 실천을 상징한다.

불보살의 명호는 명호 그 자체에 무량공덕이 담겨 있어 염불만 자꾸해도 중생의 업장이 가벼워지고 마음은 기쁨으로 충만해 간다.

한마음으로 부처님을 생각하고 염불하는 일은 입으로 지은 네 가지 허물(거짓말, 번드르한 말, 이간질, 악담)을 정화시켜 준다. 부처님을 찬탄하는 일은 이웃들의 삶을 찬탄하는 일로 이어진다. 염불은 입으로 하는 예배이다.

염불할 때는 눈을 감고서 연꽃 위에 앉아 합장하고 있는 자신의 모습을 관상한다. 그때 부처님이 미간에서 광명을 놓아 염불하는 자신을 비추는 모습을 관상한다. 지극한 마음으로 하는 염불속에 부처님의 광명이 함께하는 것이다. 지극한 마음으로 하는 염불속에 자기 안의 불성이 깨어나는 것이다. 지극한 마음으로 하는 염불 속에 축복으로 이르는 문이 열리는 것이다.

그래서 염불하는 그 순간이 부처님의 생명이 되고 염불하는 그 마음은 부처님의 마음이 된다. 부처님의 광명속에 미혹의 그림자는 존재할 수 없기 때문이다.

염불을 통한 삶의 기쁨을 느끼기 위해서는 〈그리움의 노래〉를 아침 저녁으로 한 차례씩 읽거나 노래하기를 권한다.

염불하고 사경하는 지극함에 산란심은 사라지고 고요와 기쁨의 마음이 충만하게 된다. 취침 전에 하는 염불은 잠이 편안하고 아침기운을 상쾌하게 해준다. 짧은 수면 속에서도 깊은 휴식을 취할 수 있고 불면과 악몽에 시달리지 않게 된다. 아침에 일어나서 정좌하고 염불하게 되면 그 맑은 기운과 밝은 마음이 하루생활을 원만하게 이끌어 줄 것이다. 마음으로는 항상 부처님의 형상을 생각하고 입으로는 아미타불의 명호를 부른다. 생활을 통해서 부처님의 중생을 위한 헌신의 삶을 실천해야 한다.

〈그리움의 노래〉는 염불선 수행의 이치와 실상의 진리를 표현한 것이다. 읽으면 읽을수록 기쁨과 광명이 생겨나므로 몸에는 질병이 사라지고 마음은 평안을 얻게 된다. 밝은 지혜가 생겨나서 근심과 걱정은 사라지고 삶이 즐거워진다.

염불문을 통한 마음의 덕목은 친절과 찬탄이다.

실상문(實相門)

모든 종교는 신심을 첫째로 한다.

선(禪)에서도 예외는 아니다. 그러나 선에서 요구하는 신심은 일반종교의 신심과는 180도 다르다.

선의 신심은 불교를 믿고 부처님을 믿는 차원이 아니다. 선의 신심은 자기 생명의 본체가 바로 번뇌에 물듦이 없는 부처이고 우주의 성품이 바로 부처님의 법신임을 확신하고 자각하는 일이다.

중생의 근심걱정과 무명번뇌는 실상을 알지 못해서 생겨나는 마음의 그림자이다. 염불삼매 속에서 광명세계를 체험하게 되면 마음의 그림자는 사라지고 무한 공덕의 문이 열린다. 생명과 우주의 참모습을 통찰하게 되면 미혹의 마음에서 일어나는 세 가지 독한 마음(탐욕, 분노, 어리석음)이 정화된다.

실상을 통찰하기 위한 염불선의 몇 가지 행법(行法)을 소개한다.

실상염불(實相念佛)

바른 수행을 꾸준히 하게 되면 몸도 마음도 점점 가볍고 안락하게 된다. 마음에 욕구가 사라지면 걸음 걸을 때도 허공을 딛는 느낌이 온다. 그것은 수행이 깊어질수록 물질, 그대로 공(空)이라는 진리에 계합되어 가기 때문이다.

은행나무가 자기 그림자에 속아 열매 맺듯이 본래 존재하지 않는 자기를 집착하여 고통받는 것이 중생세계이다.

육조 혜능은 "본체(本體)를 여의지 않는 것이 선(禪)"이라고 하였으며 《육조단경》의 부촉품에도 "그대들이 만약 부처의 일체 종지를 얻으려면 마땅히 일상삼매(一相三昧)와 일행삼매(一行三昧)를 참구할지니라" 하였다. 영가대사는 증도가(證道歌)에서 "현상은 무상(無常)하여 일체가 공(空)이니 이것이 부처님의 깨달음이다"고 노래하였다.

또 조선조 말의 백파(白坡)선사는 수행자들에게 "화두를 들되 일체법이 공(空)한 진리를 알고 허공 가운데 화두를 들라"고 깨우쳤다.

실상염불 또한 마찬가지이다.

자기의 몸도 마음도 우주도 텅 비어버린 일체공(一切空)의 진리를 사무치게 체득하여야 한다.

천지우주가 티끌만한 간격도 없는 부처님의 법신(法身)임을 깨달아야 한다. 이러한 최상승의 이치를 담박 깨닫게 됨을 돈오무생(頓悟無生), 일념왕생(一念往生)이라고 한다.

마음을 열어 버리지 못하고 자기의 소견으로 염불하고 좌선하는 것을 '중생의 염불, 중생의 좌선'이라고 한다. 이러한 수행은 자아의식만 강화되고 편협한 마음이 되기 쉽다.

그러나 몸도 마음도 떨쳐 잊어버리고 우주법계에 충만한 불성광명(佛性光明)을 관하면서 염불 자체가 되어 염불하는 것을 '부처의 염불, 부처의 좌선'이라고 한다.

그것은 범부중생인 내가 염불하는 것이 아니고 내 안의 부처가 염불하는 것이다. 부처가 부처를 부르는 것이다. 부처가 염불하여 부처가 성불해 가는 것이다. 이것이 실상염불이고, 염불선이며, 최상승선이다.

"수행과 깨달음이 하나가 아닌 별개의 것이라고 생각한다면 그것은 외도(外道)이다. 불법에서는 수행과 깨달음이 하나라고 말한다. 즉 수행이란 깨달음상의 수행이기 때문에 맨 처음의 발심이 곧 본래의 깨달음 전체이다. 이런 의미에서 수행에 정진해도 수행 이외의 깨달음을 기대해서는 안 된다고 가르치는 것이다. 수행하는 바로 그곳에 이미 본래의 깨달음이 있기 때문이다. '수행의 깨달음'이기 때문에 깨달음에는 끝이 없으며 '깨달음의 수행'이기 때문에 수행의 시작도 없다."

도원《성법안상》

수식염불(隨息念佛)

호흡과 마음은 하나의 채널이다.

마음이 흥분되면 호흡 또한 격해지고 마음이 고요해지면 호흡 또한 고요해진다.

우리의 마음은 원숭이와 같아 잠시도 한 곳에 오래 머물러 있지 못한다. 과거와 미래를 오가며 언짢아 하기도 하고 공상에 잠기기도 한다.

그러나 호흡은 '지금 여기'이다.

고요히 정좌하여 들이쉬고 내쉬는 호흡에 맞추어 염불을 한다. 들어오고 나가는 호흡의 존재만을 분명하게 느끼고 들숨 날숨에 맞추어 '아·미·타·불'을 염한다.

들이쉬고 내쉬는 호흡과 주시하는 의식이 순일하게 이어질 때 몸과 마음은 고요해진다. 그때 호흡은 자연스럽게 깊고, 길고, 가늘고 고르게〔深長細均〕된다.

몸과 마음이 고요해지면 기쁨이 솟게 되는데 그것은 인간 존재의 본질이 기쁨이요, 광명이요, 축복이기 때문이다.

점점 미세해지는 호흡과 주시하는 의식이 일체가 되는 순간 그때 몸과 마음은 사라진다. 내가 숨쉬는 게 아니라 우주가 나를 숨쉬게 된다. 나 한 사람이 정(定)에 들 때 우주가 함께 정에 드는 것이다.

호흡의 주시를 통하여 얻지 못한 바를 얻고, 이루지 못한 바를 이루고 깨닫지 못한 바를 깨닫게 된다.

호흡과 함께 있을 때 자신을 호흡과 함께 멈출 수 있다. 이때 환희에 가득찬 빛을 볼 것이다. 이것은 인간 자아의식의 멈춤이고 우주 혼돈의 멈춤이다. 이때 자신의 참 성품, 진여를 보고 우주 속의 자신을 본다.

주시염불(注視念佛)

염불하는 그 당체를 주시하면서 하는 염불. 몸으로는 절을 하고 입으로는 염불을 하면서도 망상에 빠지는 수가 있다. 염불하는 그 당체를 예리하게 주시할 때 번뇌는 끼어들지 못한다.

옛 선지식들은 염불하는 이놈이 무엇인고?〔念佛者是誰〕 하는 염불화두를 제자들에게 권하곤 하였다.

미간응시염불(眉間凝視念佛)

제3의 눈, 부처의 눈을 각성시키기 위해 양 눈썹 사이에 의식을 집중하고서 하는 염불. 미간의 에너지 센터가 완전히 각성되면 자아의식은 사라지고 이원성에서 벗어난다고 한다

보행염불(步行念佛)

경행을 통한 수식염불(隨息念佛). 두 손을 모아 명치에 대고 시선은 자기 키 정도의 전방에 떨군다. 한 호흡에 반 걸음씩〔一息半步〕 천천히 내딛으며 코 끝에서 발 끝까지 전해지는 호흡을 느끼며 아미타불을 염한다.

실상문을 통한 마음의 덕목은 평등과 정직이다.

회향문(廻向門)

예배문과 염불문, 실상문은 자기정화의 길이다. 자기가 닦아 얻은 수행의 체험을 통하여 이웃들의 고통과 미혹을 깨우쳐 주는 일이야말로 참다운 법공양이고, 부처의 길이며, 보살의 삶이다.

염불선의 수행을 통하여 자기의 행위와 말과 생각의 삼업(三業)이 청정해질 때 이 몸이 바로 부처님의 청정법신(淸淨法身)이요, 내 생명이 바로 부처님의 영원한 생명임을 깨닫게 된다.

부처님의 무한한 광명과 영원한 생명을 체험할 때 인간 고뇌와 질병은 씻은 듯이 사라지고 기쁨과 축복의 물결만이 넘쳐나게 된다. 염불선의 수행을 통하여 우리는 늙지 않을 수 없는 몸으로 늙음으로부터 벗어나게 된다.

염불선의 수행을 통하여 우리는 병들지 않을 수 없는 몸으로 질병으로부터 벗어나게 된다. 염불선의 수행을 통하여 우리는 죽지 않을 수 없는 몸으로 죽음으로부터 벗어나게 된다.

염불선의 수행을 통하여 불생불멸(不生不滅)의 진리와 제법실상(諸法實相)의 밝은 지혜가 넘쳐나서 상·락·아·정(常樂我淨)의 열반의 기쁨을 수용하게 된다. 넘쳐나는 기쁨과 자비는 이웃에 대한 연민의 마음으로 향하게 된다. 이웃에 대한 헌신의 마음은 다함께 열반의 바다로 나아가게 된다.

南無阿彌陀佛

참됨이 신심을 차려
드리어 사실청구하며
나타나니 참된 신심을
마음의 추구하며 신실하게
때에 한결같이 하세

南無阿彌陀佛

참된 마음 오직
조심하여 청함도 한결
지정코 정중하고 같이
경성을 마음도 하세
드리어 부처님께
나타내자

＜그리고의 아미타불＞

南無阿彌陀佛

백발노총 마음을 어머니
반야심심 만반지체 타불을
에 반야심에 구하고 부르지
이르기까지 거래정의 마다
나타지고 부다로

南無阿彌陀佛

염불하는 마음이 염
세상만사 그 마음의 구하는
한가지로 마음의 부처님
성의촛불 본체요 그
하나도 나의 마음
되고 성의 마음일세
심을

아미타불 아미타불 어느마음 해탈해
아미타불 아미타불 산란심을 벗어
아미타불 아미타불 참다 우주만유
아미타불 아미타불 참선염불 오직

南無阿彌陀佛

제대지대용하신 청정법신비로사나불
존보살마하살 원만보신노사나불
단하살마하살 천백억화신석가모니불
마하살 서방정토극락세계아미타불
관세음보살 시방삼세일체제미불
대행보현보살 제존보살마하살
대원본존지장보살 마하반야바라밀

극락정토 왕생하여 무량수를 누리고
욕망의 집에서 뛰쳐나아 극락세계

南無阿彌陀佛
수명광명한량없는 아미타불 친견하여
무량수를 무량광을 찬탄하여

세상에 넘치는 고뇌와 슬픔을 걷우어 주시는 나무아미타불

대자비하사 모든 중생을 건지시는 나무아미타불

오늘날의 중생의 의지할 곳은 오직 나무아미타불

우리의 부모님과 스승님의 명복을 비나이다 나무아미타불

두손을 합장하고 부르고 또 부르는 거룩하신 나무아미타불

나의 의지할 곳 나의 주인 나무아미타불 오직 나무아미타불

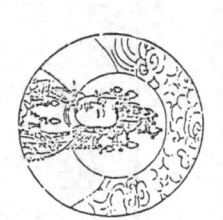

南無阿彌陀佛

이 놀음이 무슨 놀음고
우리 수 한 번 놀고 보면
다시 우리 놀 수 없고
이 놀음이 무슨 놀음고
염불 수행 놀음이라

南無阿彌陀佛

염불의 참된 뜻 깨치고
나 차츰 사람의 참된 모습 깨닫는 날
참다운 삶의 그 크나 큰 기쁨의 축복이어라 우리 세

南無阿彌陀佛

나의 삶은 부처님과 같이 하는 기쁨의 삶이 되고
나의 삶은 법문을 외고 지녀 기뻐하는 삶이 되고
나의 삶은 법문을 베풀어 기뻐하는 삶이 되세

南無阿彌陀佛

어두운 세계 밝혀 오는 소리 지금 들리네
마음 문 열어 오신 거룩한 부처님 친견하오니
한 점 신령의 등불 되어 보살의 축복이어라

摩訶般若波羅蜜多心經

南無阿彌陀佛

부쳐님의 대자대비 내 마음도 그와 같네
부쳐님의 대자대비 내 마음도 그와 같네
부쳐님의 청정법신 내 마음도 그와 같네
부쳐님의 원만보신 내 마음도 그와 같네

南無阿彌陀佛

나의 삶은 평안하다 극락왕생 나아가서
나의 삶은 평안하다 꽃밭의 집 짓고
나의 삶은 평안하다 결정코 극락 나아가서
나의 삶은 평안하다 결정코 극락 나아가서

二 그리움의 노래

南無阿彌陀佛

광명수호 하시는 부쳐님은 모든 이의 세상
기쁨주는 하시는 부쳐님은 모든 이의 마음을
환희롭게 하시는 부쳐님은 모든 이의 삶을 고

南無阿彌陀佛

마음불은 부쳐님의 광명으로 밝히셨으니
한량없는 죄와 업장이 모두 다 소멸하여
전만안들의 죄와 업장이 모두 다 소멸하여

提婆達多波羅蜜波羅蜜僧揭諦

故說般若波羅蜜多呪即說呪曰

南無阿彌陀佛

마음의 결박을 끊었고 번뇌의 불을 껐으며 바로 보고 바로 알아 내 마음에 스스로 만족하였으니 참으로 모든 집착을 버리어 조금도 구함이 없어졌네

南無阿彌陀佛

그들은 오직 안으로 살피고 바깥으로 구하지 아니하고 다 버렸으며 또 얻을 것이 없다 하도다 저 산은 한 덩이 큰 돌로 되어 있고 그 산의 길이와 너비가 한결같아 끌로 찍어내듯 하도다

〈 10 〉

南無阿彌陀佛

어떤 자는 정결한 옷을 입고 어떤 자는 나무 껍질 옷을 입으며 자기 주장만 버리고 보면 온갖 것이 다 편안할 때 오직 세존의 부르심만 있네 한결같이 보전하고 발한대

南無阿彌陀佛

어떤 사람이 어떤 이를 비방하고 부처님을 찬탄하면 그것은 보고 듣고 느껴 안 것으로써 찬탄함이니 저들은 저를 비방하고 말하기를 저들은 거칠어 기쁘지 아니하도다

無上呪是無等等呪能除一切苦眞實不虛

故知般若波羅蜜多是大神呪是大明呪是

南無阿彌陀佛

한량없는 단예오셔 모든 중생을 살피시고 아미타불 염불소리 나무아미타불 하세 거듭거듭 보배로세

南無阿彌陀佛

염불기리 장하도다 염불기리 장한 중에 극락세계 가오리라 나무아미타불 염불하면 살아생전 축복이요 죽어서도 인도하네

《9. 그리움의 노래》

南無阿彌陀佛

이 대자대비하신 오 자비의 부처님 그 무진장한 자비의 부처님 친히 내 앞에 와 계셔 저를 굽어 보고 계시네 보고 있소서

南無阿彌陀佛

이 대자대비하신 오 자비의 부처님 그 무진장한 자비의 부처님 친히 내 앞에 와 계셔 저를 굽어 보고 있어 보고 계시네 나 다른 것 별로 바라지 않사오니

三世諸佛依般若波羅蜜多故

得阿耨多羅三藐三菩提

死 般 若 関 門 時

南無阿彌陀佛

南無阿彌陀佛

〈 8 그리움의 노래 〉

南無阿彌陀佛

南無阿彌陀佛

礙故無有恐怖遠離顛倒夢想究竟涅槃

菩提薩埵依般若波羅蜜多故心無罣礙無罣

南無阿彌陀佛

나무아미타불 광명수량부처님을 오늘 다시 상봉하여 저희들도 아미타불 극락정토 나무아미타불

南無阿彌陀佛

나무아미타불 칭명한번 하올적에 부처님의 보장경의 성취되어 있으오니

《 그리움의 노래 》

南無阿彌陀佛

간절한 나무아미타불 아미타불 마음의 염불 그 마음의 결치 되고 나무아미타불

南無阿彌陀佛

애탈수록 소리높여 나무하고 안쓰러 치심 차니 부처님께 나무나무 나무나무 나무나무

以無所得故

菩提薩埵

南無阿彌陀佛

우리들 염불소의 일심의 삼부의 삼서
우리들 염불소의 오체병 삼부의 소리고
우리들 염불소의 일체병 삼가 소리고

南無阿彌陀佛

우리들 염불소리 구원의 범신이 되네
우리들 염불소의 구원의 범신이 되네
우리들 염불소의 구원의 범신이 되네

《 그 음으로 6 》

南無阿彌陀佛

우리들 염불소리 고정 주저 없이 결과
우리들 염불소의 생각지 않고 나아가시오
우리들 염불소의 마음의 신생 제신고

南無阿彌陀佛

우리들 염불소의 발심과 소리고
우리들 염불소의 발심과 소리고
우리들 염불소의 발심과 소리고

無苦集滅道

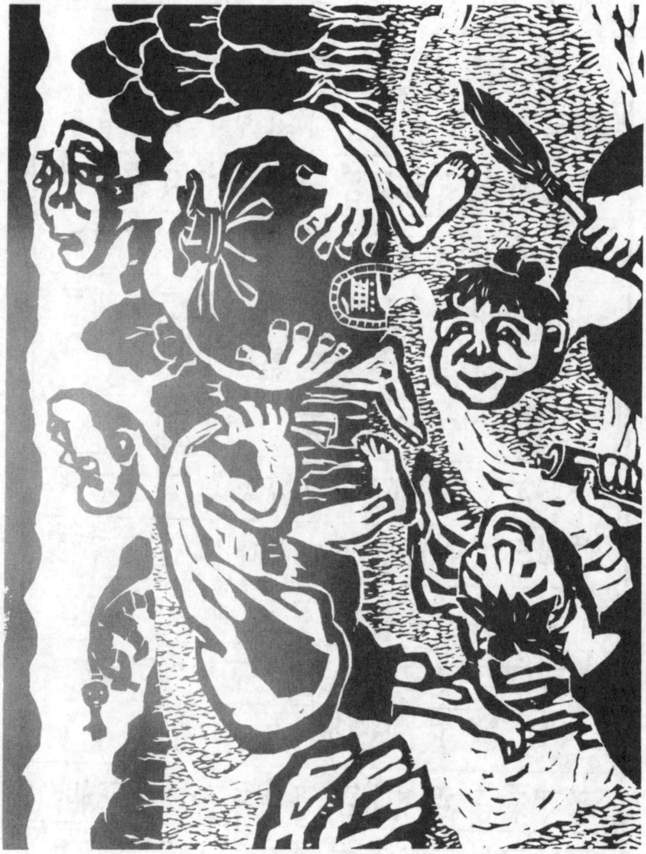

南無阿彌陀佛

엄마하고 마주앉아 저녁상을 받을때에
우리의 먹는음식 어디서 남처났노

南無阿彌陀佛

옷과밥의 유래알아 수없는 은혜중에서
이세상의 부모산하 그리고 아미타불의
금색광명 찬탄하네

《 그리움과 느낌 5 》

南無阿彌陀佛

집 떠나신 부모님의 마음 마지 말며
번뇌중생 제도하는 부처님의 마음 다치지말고
산란치말고 산란치말고
산란치말고

南無阿彌陀佛

맑은 보름달 밝히 비치고
산하대지 일체 만물의
광명빛과 향기 나처내네
참선하고 염불하는 고요한 마음과 꽃피네

乃至無老死亦無老死盡

無無明亦無無明盡

南無阿彌陀佛

극락세계 머나먼길
오가시는 우리부처님
나무아미타불 염불소리
무량수명 찬탄하고

南無阿彌陀佛

최상의 보배로서
부처님의 가르침과
수도승의 성실한덕
단단한 그믿음과
성실한 수행법과
보우바쉰파

◀ 4 그리움의노래 ▶

南無阿彌陀佛

우리들의 참생명은
부처님께 나타남을
고이고이 간직하며
청정하리로다

南無阿彌陀佛

우리들의 참생명은
부처님께 나타나는
진실하고 영원함을
나타내고
청정하리로다

南無阿彌陀佛

우리부모 날과같이 사랑하시고 친척과 일가들은 모다무사 하옵시고 조상님 만령위는 극락세계 가옵시고 어느때나 부처님 만나뵈리까

南無阿彌陀佛

우리일문 남녀노소 그대로 다같이 가정화합 단락하며 일심으로 아미타불 念佛하고 살림살이 요부하고 자손들은 충효하야 극락세계 가옵시고 그대로 아미타불의 念

3

南無阿彌陀佛

우리불자 온세계 중생들과 다같이 아미타불 極樂淨土에 같이 나서 보고듣고 念佛하야 함께 成就하옵고

南無阿彌陀佛

일체고통 소멸하고 소원 성취되며 마음과몸이 부처님과 같이 되여 극락세계 成就되며 중생을 다 제도하옵네다

不生不滅不垢不淨不增不減

☆般若波羅蜜多心經

南無阿彌陀佛

나들의 끼슬은 사소한 것을
벗님네 반짝 빛나는 것을
께서 모든 집착을 아
저 부러 쓸어 버리시고
오 직 참된 것만 남겨 주소서

南無阿彌陀佛

참 의 신 심을 드리다 사
기의 심을 나라사 참청한
자의 마음을 그리 주 보 자 시라고
께 드리고 주세 산라 드리고 산하세

《 2 》

南無阿彌陀佛

모든 욕심을 정화하며 부처님의
참 산 마음 청정한 마음으로
저 화로의 달음을 밝 을 청정시네
어 의 불을 닦아 마음 다 닦으라가

南無阿彌陀佛

맑 음 몸 주 기 마 음 이 밝 기 만 만
이 듯 마 음 우 리 만 만 보 다 지 라 세
미 다 말 음 아 아 되 가 받 제 찬 다 고
네 지 고 볼 부 처 님 을 구 합 사 라

南無阿彌陀佛

염불하는 음성은 그대로의 마음이요
염불하는 마음은 그대로의 부처일세
법계에 두루한 부처님의 꽃으로 성취되네

南無阿彌陀佛

청정한 이 마음이 곧 부처님 몸이라
모두가 한결같이 아미타불 아닌 것 없어
산하대지 삼라만상 그대로가 극락정토

— 1 —

南無阿彌陀佛

시방 삼세 부처님은 대성 아미타불이요
원만한 진리의 한 모습이 관세음보살이니
널리 알지 못하여 여래의 덕을 그르치지 않기를

南無阿彌陀佛

한 조각 산과 들의 꽃과 새도 부처님의 설법이고
한 방울 이슬과 구름도 여래의 법신이라
이 마음과 저 마음 함께 부처님께

観自在菩薩行深般若波羅蜜多時

照見五蘊皆空度一切苦厄

一九九二年 二月 二日

나무아미타불은 오직 염불하기만 할뿐 아니라 고요한 부처님의 성품으로 자신의 성(性)을 삼고 거룩한 부처님의 지혜로 자신의 체(體)를 삼으며 원만한 부처님의 공덕으로 자신의 용(用)을 삼고 장엄한 부처님의 상호로 자신의 상(相)을 삼는 것입니다.

참선(參禪)의 진아(眞我)나 본래면목(本來面目)은 염불수행의 보왕삼매(寶王三昧)와 손톱만큼도 차이가 없을지니 참선을 수 없습니다.

樂)하고 편안(安)한 가운데 成(佛)의 지금의 완전한 부처님으로 가는 그것이 곧 염불입니다. 부처님은 다 오래된 부처님이며

그래서 부처님을 생각하는 명(明)이 다 부처님이며 부처(佛) 그 마음으로 염불(念佛)하는 대로

《 그리움과 》

모두가 다 범부중생(凡夫衆生)의 보살행을 다 이룰 수 없지 마는 부처님은 진실성품(眞如佛性) 의 자성을 닦아 가는 모두가 보리를

淸華/태안사조실

모든

念佛禪

지은이 현장(玄藏)스님은 1975년 송광사에서 九山스님을 은사로 득도후 해인사 강원을 졸업, 월간《해인》지와〈불일회보〉편집장을 역임하였고 1987년 티베트불교를 순례하고 돌아와 태안사 선원에서 정진하였다.
현재 전남 보성 대원사에 염불선 수련도량을 개설하여 주말수련회를 지도하고 있다.

나를 보게 하소서
현장스님의 염불선이야기

1995년 2월 20일 초판 1쇄 발행
2002년 7월 31일 초판 8쇄 발행

ⓒ 지은이 · 현　장
펴낸이 · 윤재승
펴낸곳 · 민족사

등록 제 1-149, 1980. 5. 9.
서울 종로구 청진동 208-1
전화 02) 732-2403~4, 722-7679
팩스 02) 739-7565, K.P.O. Box 1560

값 7,500원

ISBN 89-7009-624-8 03220
잘못된 책은 바꾸어 드립니다.
법보시 주문을 받습니다.